글 최향숙 | 그림 이현정

작가의 말

몇 년 전, 10대를 대상으로 한 첨단 과학 시리즈를 쓴 적이 있어요. 그때 10개 분야의 주제를 선정하는 데 긴 시간이 걸렸어요. 중요한 분야가 어디 한둘이어야죠. 그에 반해 첫 권의 주제는 수월하게 결정할 수 있었어요. 거의 모든 첨단 과학이 그 분야와 관계되거나 도움을 받아야 했거든요. 어떤 분야였냐고요? 인공 지능, 즉 AI였답니다.

로봇과 자율 주행 같은 분야는 AI 없이는 생각할 수 없어요. 뇌 과학이나 생명 공학 분야에서도 AI의 도움이 아주 커서, 생명 공학자가 연구에 필요한 AI를 개발할 정도예요. 메타버스를 구현하는 데도 AI는 빠질 수 없고, 환경 문제나 우주 개발에도 AI가 널리 이용돼요.

우리 일상생활에도 AI는 깊숙이 들어와 있어요. 집에서는 로봇 청소기가 청소를 하고, 음식점에서는 서빙 로봇이 일손을 도와요. 영화나 동영상, 음악 스트리밍 서비스를 이용할 때마다, 인터넷으로 책이나 옷을 살 때마다, 또 공부하거나 숙제할 때에도 AI가 도움을 주고 있지요. 이렇게 편리한 AI여서 더 발전하기를 기대하기도 하지만, 반대로 걱정하는 이들도 많아지고 있어요. AI의 등장으로 일자리,

가짜 뉴스 등 새로운 문제가 대두되고 있기 때문이에요. 또한 하루가 다르게 발전하는 AI의 능력을 보면서, AI가 인간보다 똑똑해질까 봐 불안감이 생기고 있는 거예요.

  이 책은 이런 AI의 이야기예요. AI를 만난 쌍둥이 남매의 일상을 통해, 우리가 어떻게 AI를 사용하고 있는지, AI가 우리에게 어떤 영향을 끼치는지 등을 알 수 있지요. 그리고 AI에 대해 어떤 관점을 가져야 하는지도 생각해 볼 수 있을 거예요.

  이 책이 친구들에게, AI에 관해 생각해 보는 계기가 되었으면 좋겠어요. 그건 바로 여러분들이야말로 AI를 계속 사용할 사람들이고, AI를 발전시킬 인재들이기 때문이랍니다.

최향숙

차례

그림 똥손에서
탈출하다 12

똑똑하게 톡 하는 똑똑이 20

인공 지능과
어린아이의 공통점 28

쭉쭉 늘어나는 단짠 치즈
동영상의 비밀 40

'나'를 파괴하지 마! 52

고양이만 한 쥐 떼가
나타났다고? 60

입꼬리가
축 처진 걸 보니 70

네가 나를 공격할까? 82

오빠가 사라졌다 90

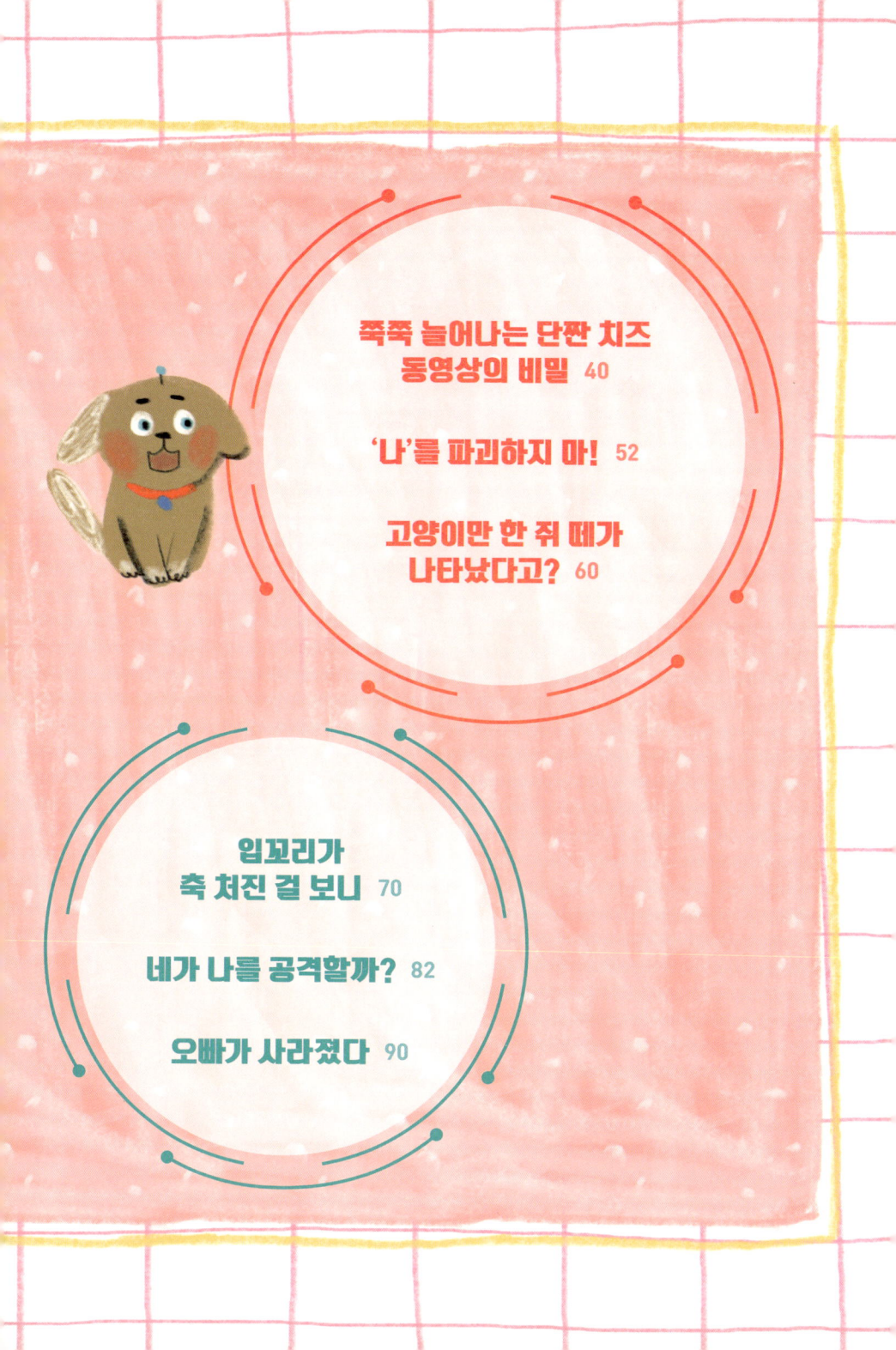

등장인물

나세미

초등학교 5학년인 세미는 재원이보다 1분 먼저 태어나 누나가 되었다. 열정이 넘치고 모든 일에 흥분을 잘한다. 일을 잘 벌이지만 꼼꼼하지 않아 쌍둥이 동생 재원이에게 자주 잔소리를 듣는다. 하지만 동생을 위해 바퀴벌레도 잡아 주는 씩씩한 누나다.

나재원

1분 늦게 태어나 동생이 된 것에 불만이 많다. 하지만 누나 세미가 벌여 놓은 일에 늘 적극적으로 동참한다. 책을 좋아하고, 편식을 하다 보니 마르고 은근히 겁이 많다.

나잘나

아빠 나잘나 박사는 환경 관련 연구를
주로 하는 공학 박사다.
지구가 오염되는 게 늘 걱정인 아빠의
머릿속에는 엉뚱한 발명품으로 가득 차 있다.
쌍둥이를 누구보다 사랑해서 아이들에게
잘해 주고 싶은 의욕이 과한 것과
요리를 좋아하지만
맛은 없다는 게 단점이다.

차분해

엄마 차분해 여사는 초등학교 선생님이다.
엉뚱한 아빠와 쌍둥이를 키우느라
어지간한 일에는 놀라지 않는 강심장이 되었다.
무슨 일이 생기면 어디선가 나타나 깔끔하게
정리해 주는 든든한 쌍둥이 가족의 해결사다.

그림 똥손에서 탈출하다

●○○○○○○○○

"다음 시간은… 미술이네!"

세미는 한숨을 푹 쉬었다. 자칭 '그림 똥손'인 세미는 미술 시간이 정말 싫다. 유치원 때 '바다에 사는 동물' 그리기를 했는데….

3학년 때 '정말 키우고 싶은 동물 그리기' 수업 시간에는….

미술 시간이라고 하면 이런 일만 떠오르니, 미술 시간이 즐거울 리가 없다.

"누나, 한 시간은 금세 가."

재원이가 누나를 위로하는 것처럼 말했지만 사실 자신에게 하는 소리다. 누가 쌍둥이 아니랄까 봐, 재원이 역시 세미 못지않게, 그림에는 영 소질이 없다.

수업이 시작되기 직전, 자리에서 일어서며 선생님이 말했다.
"모두 컴퓨터실로 가자!"
"컴퓨터실? 미술 시간인데?"
세미는 고개를 갸웃하며, 교실 앞에 붙은 시간표를 다시 확인해 보았다.
"맞는데 미술 시간…. 이상하네."
"오늘은 AI로 그림을 그린대!"
뒤에 앉아 있던 재원이 짝꿍인 수호가 말했다.
"AI? 인공 지능을 말하는 거야?"
재원이가 눈을 똥그랗게 뜨자, 수호는 신이 나서 답했다.
"맞아. AI 프로그램을 이용해서 그림을 그린대."
아이들이 모두 컴퓨터실에 자리를 잡자, 선생님은 그림 그리기 AI 프로그램 사용법을 알려 주었다. 재원이는 금세 수업에 빠져들었다.
그림 그리기 AI 프로그램은 정말 신기했다. 마우스를 움직여 대충 그림을 그리고 나서 어떤 그림을 그리려는지 설명하면, 나머지는 AI가 알아서 그림을 완성시켰다.
재원이는 이런 프로그램 원리를 재빨리 파악해서, 그림 하나를 뚝딱 완성했다.
"어떻게 한 거야?"
익숙하지 않은 마우스로 그림을 그리느라 낑낑대던 세미의 눈이 똥그래졌다.

"그림을 잘 그리는 것보다, AI에게 무얼 그리고 싶은지 정확하고 구체적으로 설명하는 게 더 중요해!"

"아하! 알겠어!"

세미도 그림 그리는 방식을 바꿨다. 바다와 해변, 아이 둘을 대충 그리고는 이렇게 썼다.

'맑고 푸른 바다, 햇빛에 반짝이는 금빛 모래. 깔깔 웃으며 모래성을 쌓고 있는 12살 정도의 쌍둥이 남매.'

그러자 정말 멋진 그림이 그려졌다.

그날 저녁, 세미는 퇴근하는 차분해 여사를 현관에서부터 붙잡았다.

"엄마, 엄마! 이 그림 좀 봐!"

차분해 여사가 소파에 앉자마자, 세미는 미술 시간에 AI를 이용해 그린 그림을 탁자 위에 펼쳐 놓았다. 차분해 여사는 놀란 듯 눈을 크게 뜨고 세미의 그림을 보았다.

"와! 이게 진짜 네가 그린 그림이야?"

세미는 뽐내듯 목 근처 머리카락을 뒤로 쓸며 대답했다.

"당연하지. 세미 화가님이 AI 프로그램을 이용해서 그린, 첫 작품이야!"

옆에 있던 재원이도 자기 그림을 탁자 위에 펼쳐 놓았다.

"어머, 재원이도 정말 잘 그렸네!"

차분해 여사의 말에 세미가 따발총처럼 이야기를 시작했다.

"오늘 미술 시간에 AI를 이용해서 그림을 그렸는데, 그 덕분에 내가 미술에 소질이 있다는 걸 발견했지 뭐야! 나는 원래 그림을 못 그린다고 생각했는데, 아니었어! AI의 도움을 조금만 받으면 이렇게 멋진 그림을 그릴 수 있는데, 어떻게 내가 미술에 소질이 없다고 할 수 있겠어?"

재원이도 맞장구를 쳤다.

"엄마, 나도! 미술은 진짜 자신 없고, 도대체 뭘 그려야 할지 답답하고 짜증까지 났다고. 근데 AI의 도움을 받으니까, 완전 달라졌어! AI가 내 머릿속에 들어갔다 온 것처럼 그려 줬다니까. 이런 미술 시간이라면, 날마다 있으면 좋겠어."

"AI가 우리 쌍둥이에게 새로운 재능을 찾아 주고 자신감까지 갖게 해 줬네! 엄마도 AI 프로그램을 한번 이용해 봐야겠구나."

"엄마는 수업 시간에 AI를 이용해 본 적 없어?"

재원이의 물음에 차분해 여사가 싱긋 웃었다.

"엄마는 음악 수업에 AI를 이용해 보려고 연구 중이야."

"AI를 음악 수업에 이용할 수도 있어? AI를 음악 수업에 이용하면, 내가 아이유처럼 노래를 잘할 수 있게 될까?"

세미가 눈을 반짝이며 물었다. 차분해 여사가 잠깐 생각에 잠기더니, 이렇게 말했다.

"그건… 아마도 힘들걸."

혹시나 하고 기대하던 세미의 눈에 실망의 빛이 비쳤다. 그런 세미를 보며 차분해 여사가 말을 이었다.

"하지만, 아이유가 멋지게 부를 수 있는 노래를 만드는 데는 도움이 될 수 있을 거야. AI가 작곡을 해 주니까."

차분해 여사의 말에 세미가 놀라 물었다.

"AI가 작곡을 한다고?"

차분해 여사는 고개를 끄덕였다.

"그뿐인 줄 아니? AI를 이용하면 시나 소설을 쓸 수도 있고,

AI를 활용해 여행 계획서를 짤 수도 있어. 또 발표 자료를 만들 때 AI가 큰 도움이 될 수도 있지. 그래서 많은 선생님이 AI를 이용해서 어떤 수업을 할까 연구하고 있어."

재원이가 고개를 끄덕였다.

"그럼 AI는 미술, 음악뿐만 아니라 국어, 사회, 과학 등등 모든 수업에 활용될 수 있는 거네!"

차분해 여사가 재원이를 보며 싱긋 웃었다.

"그럼! 그리고 더 나아가 AI는 우리 생활 속에서도 널리 활용되고 사람들에게 큰 도움을 주고 있지."

차분해 여사의 한마디

AI는 이미 우리 생활 속에서 많은 도움을 주고 있어. 스스로 청소하는 로봇 청소기, 채팅을 통해 묻고 답하는 챗봇, 스마트폰 음성 서비스, 인터넷 포털 사이트나 SNS, OTT의 추천 서비스 기능 등이 모두 AI 프로그램이야. 음식점에서 주문을 받는 키오스크와 서빙 로봇 역시 AI로 운영되지. 지금 한창 개발 중인 여러 종류의 로봇과 자율 주행 자동차도 AI 없이는 생각조차 할 수 없을 거야.

똑똑하게 톡 하는 똑톡이

"세미야! 재원아!"

여느 날과 다름없이, 나잘나 박사는 문을 열고 집 안으로 들어서며 아이들을 불렀다. 나잘나 박사 목소리에 가장 먼저 현관으로 달려간 재원이는 나잘나 박사가 두 손 가득 들고 있던 상자부터 받아들었다.

"아빠, 이게 뭐야?"

나잘나 박사는 싱긋 웃으며 말했다.

"네가 가장 갖고 싶어 하던…."

나잘나 박사의 말이 끝나기도 전에, 재원이가 소리쳤다.

"강아지야?"

그러더니 재원이의 목소리는 이내 걱정이 가득해졌다.

"강아지를 이런 상자에 넣어서 데려오면 어떡해!"

재원이는 재빠르게 상자를 풀어 헤쳤다.
"얼마나 답답했을…."
상자 속을 살펴보던 재원이가 고개를 갸웃하더니 말했다.
"아빠, 근데 얘가 왜 꼼짝을 안 하지?"
재원이가 불안한 눈으로 나잘나 박사를 쳐다보자, 나잘나 박사는 싱긋 웃었다.
"강아지가 아니고, 반려로봇이야."

"반려로봇이면, 로봇 강아지라고?"

재원이 목소리에 신남과 설렘이 가득했다. 재원이가 가장 받고 싶은 선물은 강아지이고, 두 번째 선물은 로봇이었다. 그런데 로봇 강아지라니!

"어때? 우리 아들에게 최고의 선물이지?"

나잘나 박사가 이렇게 말하며, 로봇 강아지의 전원을 켰다.

"연구실에서 충전은 다 했고…. 이렇게 버튼을 누르면!"

전원이 들어오자, 로봇 강아지가 엉덩이를 위로 올리는 동시에 앞다리를 쭉 펴며 가슴을 내밀었다. 마치 개가 기지개를 켜는 모습과 같았다.

"어머! 진짜 강아지 같아!"

세미의 목소리가 호들갑스러워졌다. 그러자 로봇 강아지가 세미의 얼굴을 빤히 쳐다보았다.

"안녕하세요? 나세미 님!"

순간 세미의 입이 커다랗게 벌어졌다.

"얘가 나를 어떻게 알아?"

로봇 강아지는 주위를 두리번거렸다. 이번에는 재원이에게 얼굴을 돌리더니, 이렇게 말했다.

"당신은 나재원 님이 틀림없군요."

재원이의 입 역시 세미만큼이나 커졌다. 쌍둥이의 이런 모습을 보던 나잘나 박사가 한껏 잘난 척하는 목소리로 말했다.

"안면 인식 프로그램으로 우리 식구들 얼굴을 학습시켰지!"

안면 인식 프로그램 작동 원리

나잘나 박사의 한마디

스마트폰, 잠금장치, 범죄자 검색 등에 널리 쓰이는 안면 인식 프로그램은 이미지 인식 프로그램의 한 종류야. AI가 고양이와 강아지, 탁자와 의자, 나무와 구름을 구분하는 것, 즉 사물을 식별할 수 있는 건 이미지 인식 프로그램 덕분이지. 그림 그리는 AI가 대충 그려도 그 그림이 어떤 사물인지 인식하는 것도 이미지 인식 프로그램 덕분이란다. 이미지 인식 프로그램도 안면 인식 프로그램과 비슷한 방식으로 작동해.

"와, 그럼 로봇 강아지가 말을 하는 것도 아빠가 말할 수 있게 학습시킨 거야?"

재원이의 질문이 끝나자마자 로봇 강아지가 대답했다.

"네, 맞습니다. 제가 말을 할 수 있는 것은 나잘나 박사님이 음성 인식 AI 프로그램 등으로 학습시키셨기 때문입니다."

깜짝 놀란 세미가 자기도 모르게 로봇 강아지에게 물었다.

"음성 인식 AI 프로그램이 뭔데?"

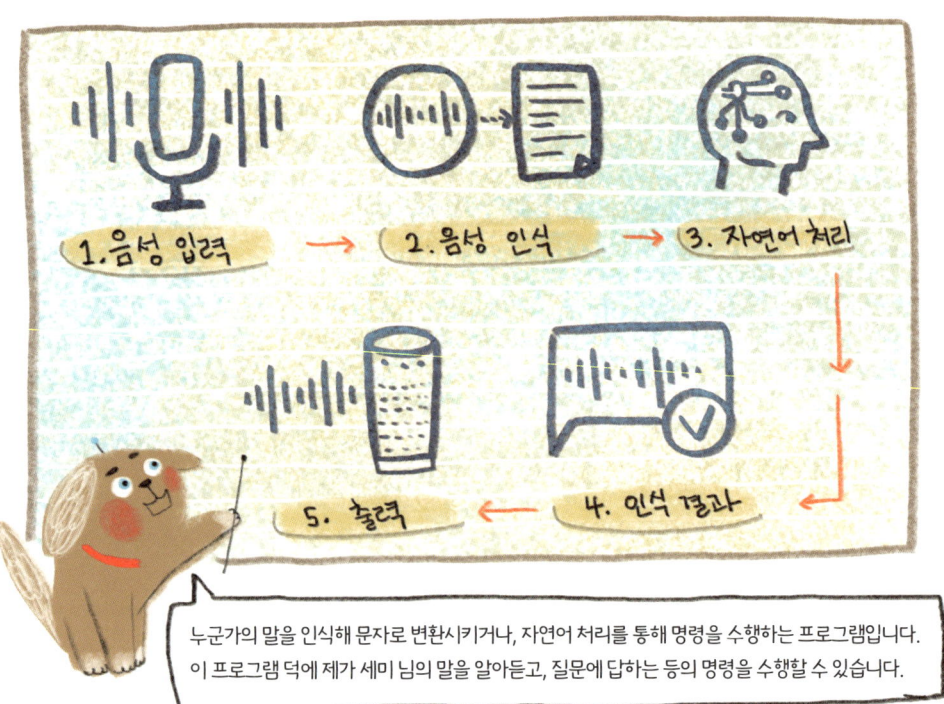

누군가의 말을 인식해 문자로 변환시키거나, 자연어 처리를 통해 명령을 수행하는 프로그램입니다. 이 프로그램 덕에 제가 세미 님의 말을 알아듣고, 질문에 답하는 등의 명령을 수행할 수 있습니다.

설명을 듣고 난 뒤에도 세미는 멍한 표정으로 로봇 강아지를 바라보았다.

"혹시 이해가 안 가십니까?"

"자연어 처리? 그게 뭐야?"

세미가 이해를 못 하자 로봇 강아지는 그야말로 로봇처럼 말을 이었다.

"사람들이 일반적으로 쓰는 언어를 자연어라고 합니다. 이 자연어를 이해하고 분석하는 기술이 자연어 처리입니다. 이 기술은 '번역기', '챗GPT' 등에 널리 쓰입니다."

AI 학습 방법

어렸을 때 배우는 방법과 비슷한 거 같은데….

맞아! 딸기를 자주 먹고 귤을 자주 먹다 보면 딸기와 귤을 구별할 수 있었어.

AI도 과일의 공통점과 차이점 등을 비교하면서 스스로 분류할 수 있게 되는 거야.

나잘나 박사의 한마디

AI의 대표적 학습법은 '기계 학습(Machine Learning)'이야. 과학자들은 이를 더욱 발전시켜, 딥 러닝(Deep Learning)이라는 학습법을 개발했단다. 딥 러닝은 사람 뇌의 신경망을 모방해 만든 '인공 신경망'을 이용해 기계 학습을 시키지. 인공 신경망 덕분에 딥 러닝은 데이터가 많을수록 더 정확한 결과를 도출할 수 있어. 그래서 과학자들은 더 많은 데이터를 이용해 AI를 학습시키려고 노력한단다.

"우리 집 반려로봇이 되려면 우리 집에 대해서도 학습해야겠네?"

세미의 말에 나잘나 박사가 똑톡이의 머리를 쓰다듬으며 말했다.

"똑톡이 스스로 우리 집을 학습할 거야. 어디가 안방이고, 어디가 부엌인지 알아야 우리 집에서 생활할 수 있을 테니까."

그동안 지켜보기만 하던 차분해 여사가 대화에 끼어들었다.

"로봇 청소기를 처음 사용할 때, 집 안 구석구석을 돌아다니면서 집 안의 지도를 그리는 것과 비슷한 거군요!"

나잘나 박사가 엄지를 척 치켜세웠다.

"맞아요! 역시, 당신의 비유는 이해가 쉬워요!"

나잘나 박사는 다시 세미와 재원이를 바라보았다.

"똑톡이는 말하는 법을 더 배워야 해."

"맞아! 일단 말투가 너무 로봇 같아!"

냉큼 끼어든 세미의 말에, 나잘나 박사는 고개를 끄덕였다.

"연구실 프로그램을 통해서만 말하는 법을 배워서 그래. 그러니까 너희들이 대화를 많이 해 주면 좋겠어. 너희가 똑톡이와 대화를 하면 할수록 말투는 자연스러워질 거야. 그런 대화를 통해 우리 식구들에 대해서도 알게 되겠지? 똑톡이는 우리 식구들이 좋아하는 일을 하도록 프로그램 돼 있어서 식구들에 대해 알게 되는 것이 아주 중요하거든."

로봇을 학습시키다니! 세미와 재원이는 마냥 신날 뿐이었다.

인공 지능과 어린아이의 공통점

다음 날 아침이 되었다. 아침이라기에는 아직 어둠이 깔려 있었지만, 세미는 침대에서 벌떡 일어날 수밖에 없었다.

"왜 이렇게 추워!"

세미의 방문과 거의 동시에 재원이의 방문도 열렸다. 거실로 뛰쳐나온 세미와 재원이는 서로의 모습에 웃음이 터져 나왔다.

"누에고치다!"

둘 다 이불을 둘둘 말아서 머리끝만 겨우 보였다. 서로를 쳐다보며 깔깔거리는 쌍둥이의 얼굴에 누군가의 시선이 화살처럼 꽂혔다. 둘은 그제야 웃음을 멈추고는 집 안 분위기를 살폈다.

차분해 여사의 얼굴을 보니 단단히 문제가 생긴 모양이다.

"어제 똑톡이에게 뭘 가르쳤니?"

나잘나 박사가 심각하게 물었다.

쌍둥이는 어젯밤 똑똑이와의 일을 남김없이 털어놓았다.
어제 저녁을 먹고 나서, 세미와 재원이는 똑똑이와 대화를 시작했다.
"일단 말투부터 바꿔 보자!"
"맞아. 세미 님이 뭐야? 그냥 세미 누나라고 불러!"
똑똑이는 금세 배웠다. 세미는 누나, 재원이는 형이라고 부르기로 했다. 본격적으로 말투 교정을 시작했다.
"습니다, 합니까 이런 식의 말투는 가까운 사이에서는 거의 쓰지 않아."
재원이의 말에 똑똑이가 물었다.
"그럼 어떻게 말을 끝내면 좋습니까?"
"어떻게 말을 끝내면 좋겠어? 혹은 좋을까? 이런 식으로 말하면 돼."
세미가 대답하자, 똑똑이는 뭔가 생각이라도 하는 것처럼 눈을 깜빡였다.
"똑똑아, 왜 그래?"
똑똑이는 잠깐 더 뜸을 들이더니, 이렇게 말했다.
"제게 새로운 말투에 대한 데이터가 충분하지 않습니다. 그러니 누나와 형이 말을 최대한 많이, 계속해 주십시오. 그렇게 말들이 데이터로 쌓여야, 학습이 가능할 것 같습니다."
"그래? 수다 떠는 거야 밤새도록이라도 할 수 있지!"
세미는 자신만만하게 웃었다. 하지만 선뜻 입을 떼지 못했다.

"하던 짓도 멍석을 깔아 놓으면 못 한다더니, 누나도 그런 거야?"

세미의 수다에 누구보다 맞장구를 잘 치던 재원이가 놀리듯 말했다.

"말을 하라니까 무슨 말을 해야 할지 모르겠네."

세미가 멋쩍어 하자, 재원이가 아이디어를 냈다.

"그런데 말이야. 말을 꼭 우리가 할 필요가 있을까?"

재원이는 리모컨을 찾아 텔레비전을 켜며 말했다.

"텔레비전에서는 말이 끊임없이 나오잖아!"

"오, 나재원. 좋은 생각인데?"

세미는 곧바로 재원이에게서 리모컨을 받아 쥐었다.

셋은 함께 애니메이션을 보기로 했다. 겨울이니 계절에 맞게 애니메이션 〈겨울왕국〉으로 정했다. 영화가 시작되자 똑똑이는 대사 하나 놓치지 않으려는 듯 처음부터 바로 집중하기 시작했다. 세미는 그런 똑똑이를 옆에서 가만히 쳐다보았다. 겉모습은 진짜 강아지 같았지만 똑똑이는 틀림없는 로봇이었다. 영화를 보는 내내 눈 한 번 깜빡이지 않았던 것이다. 그렇게 영화가 끝나고 나자 똑똑이는 이렇게 말했다.

"정말 재밌다! 누나와 형은 어땠어?"

세미는 깜짝 놀랐다.

"와! 말투가 바뀌었네!"

"2시간 만에 정말 대단하다!"

재원이도 똑톡이의 학습 능력에 감탄했다. 함께 영화를 보고 난 뒤라 이야기가 끊이지 않았다.
　"난 추위 따위는 두렵지 않아!"
　세미의 말이 끝나기 무섭게 똑톡이가 바로 말했다.
　"엘사의 대사 아니야?"
　세미가 벌떡 일어서더니, 두 팔을 벌리면서 말했다.
　"맞아! 난 엘사만큼이나 추위가 두렵지 않다고!"
　똑톡이를 가만히 바라보던 세미는 장난기가 발동했다.
　"그래서 나도 가끔 엘사처럼 겨울왕국을 만들지!"
　"어떻게?"
　똑톡이의 목소리가 진지하게 느껴졌다.
　"추운 겨울밤에 보일러를 끄고 에어컨을 켜는 거야. 그럼 집 안은 찬 공기로 가득해지고, 코끝이 시리기 시작해. 그때부터 나는 〈겨울왕국〉의 주인공이 되었다는 상상을 시작해!"

세미의 얼굴을 보며 똑톡이가 갸우뚱했다.
"상상?"
세미가 안타깝다는 듯 고개를 가로저었다.
"넌 로봇이라 잘 모르겠지만, 사람들은 상상이란 걸 한단다. 머릿속으로 그림을 그리는 거야. 그런데 집이 꽁꽁 얼어붙으면, 우리 집이 겨울왕국이라고 상상을 하는 데 훨씬 도움이 되지!"
그러자 재원이가 맞장구를 쳤다.
"맞아. 거실 바닥이 꽁꽁 얼어붙어 있다고 상상하면서 스케이트를 타는 시늉을 하면 얼마나 재밌는데!"

아이들이 하는 이야기를 다 듣고 난 차분해 여사는 어이가 없다는 표정을 지었다.

"어쨌든 당신이 가져온 로봇이니 당신이 해결하세요."

그렇게 말하고는 주방으로 사라졌다. 나잘나 박사가 한숨을 푹 하고 내쉬었다.

"똑똑이한테 그런 얼토당토않은 말을 했으니…."

똑똑이가 나잘나 박사를 바라보았다.

"누나와 형이 좋아한다고 해서, 보일러를 끄고 에어컨을 켰어요. 뭘 잘못한 건가요? 누나와 형이 좋아하는 게 아니었나요?"

재원이는 고개를 숙였지만, 세미는 믿을 수 없다는 듯 물었다.

"너야말로 거짓말을 하는 거 아냐? 네가 어떻게 보일러를 끄고 에어컨을 켜?"

"똑똑이 프로그램에는 우리 집 전자 제품들을 제어할 수 있는 IoT 기능을 갖춘 리모컨이 포함되어 있거든."

나잘나 박사가 똑똑이 목에 걸린 목걸이 같은 것을 가리켰다.

"저게 그 리모컨이야."

"IoT? 그게 뭐야, 아빠?"

세미가 나잘나 박사를 보며 물었다. 나잘나 박사는 리모컨을 한 손에 들고는 말을 이었다.

"우리가 쓰는 스마트폰이나 컴퓨터, 노트북은 인터넷에 연결되어 있지? 그런데 요즘은 보일러나 에어컨, 텔레비전과 냉장고 같은 가전제품은 물론이고 자동차도 인터넷이 연결되어 있어. 이렇게 모든 사물을 인터넷에 연결시키는 기술이 바로 IoT, 우리말로 '사물 인터넷'이야. 사물 인터넷 기술이 적용된 사물들은 서로 데이터를 주고받으며 명령을 처리해. 그래서 스마트폰으로 로봇 청소기, 에어컨 등을 조종할 수 있는 거야."

"우와, 정말 신기하네. 그럼 스마트폰 하나로 다 조종할 수 있는 거잖아?"

재원이가 흥분해 물었다.

"그럼 다 가능하지."

나잘나 박사의 말을 듣던 세미가 변명을 하듯 낮은 소리로 웅얼거렸다.

"그냥 상상을 좀 한 건데, 그걸 진짜로 믿다니…. 로봇이 아니라 바보 아니야."

바보라는 말에 똑똑이가 또박또박 대답했다.

"난 바보가 아니야. 아직 학습이 부족하지만, 배워 가고 있다고. 내가 바보라면 배울 수 있겠어?"

그 순간, 나잘나 박사의 얼굴이 환해졌다.

"어? 그러고 보니 똑똑이 말투가 완전히 바뀌었구나! 너희 또래가 말하는 것 같아!"

나잘나 박사의 말에 세미가 어깨를 으쓱하더니 말했다.

"그게 말이야, 딱 2시간 영화를 보여 줬더니 싹 바뀌더라고."

재원이도 한몫 거들었다.

"내가 영화 보자고 했어. 사실 막상 수다를 떨려고 하니까 쉽지

차분해 여사의 한마디

우리 주변에는 이미 많은 사물 인터넷 기기들이 있단다. 가장 쉽게 볼 수 있는 게 바로 우리가 매일 사용하는 스마트폰이지. 스마트폰은 인터넷에 연결되어 있어서, 음악을 틀거나 날씨를 확인하기도 하고, 집에 있는 다른 기기들을 조작할 수도 있어. 스마트 TV, 스마트 스피커, 스마트 냉장고, 스마트 조명, 스마트 시계 등 우리 생활 속의 다양한 기기들이 인터넷을 통해 서로 연결되어서, 더 편리하고 똑똑하게 작동하고 있어.

않더라고."

 나잘나 박사는 쌍둥이의 머리를 쓰다듬어 주며 말했다.
"그랬구나. 알았다. 겨울왕국 사태야 서로 잘 몰라서 생긴 일이니 앞으로는 똑똑이와 살려면 조심해야겠지?"
 나잘나 박사의 말에 세미와 재원이는 안도의 숨을 내쉬고는 동시에 고개를 크게 끄덕였다.
"그나저나 똑똑아, 어제 대화는 즐거웠니?"
 나잘나 박사는 그제야 똑똑이에게 이것저것 묻기 시작했다.
"〈겨울왕국〉에서 어떤 캐릭터가 제일 마음에 들었어?"
 나잘나 박사는 신이 난 목소리로 똑똑이에게 질문했고, 똑똑이는 그때마다 세미와 재원이처럼 대답했다. 나잘나 박사의 태도 변화에, 세미의 태도는 바로 으쓱해졌다.
"아빠, 우리가 잘한 거지?"
"그래, 그래! 뭐 〈겨울왕국〉을 본 게 얼마나 다행인지 모르겠다!"
 세미가 고개를 갸웃하자, 나잘나 박사가 웃으며 말했다.
"〈인어공주〉나 〈모아나〉 같이 바다가 배경인 애니메이션을 보았다면 똑똑이한테 '우리 집이 바다가 되었으면 좋겠다!'라고 했을지도 모르지? 그랬다면 지금쯤 우리 집은 물바다가 됐을 테니까!"
 나잘나 박사의 말에 아이들도 모두 깔깔깔 웃고 말았다. 그때였다. 차분해 여사의 목소리가 들렸다.
"얘들아, 이제 그만하고 아침 좀 먹을까?"

차분해 여사가 따뜻한 우유와 토스트를 식탁에 차리고 있었다.
"토요일 아침은 내 담당인데, 미안해요."
나잘나 박사는 미안한 표정이었지만, 배가 고픈 듯 입맛을 다시며 식탁 의자에 앉았다. 세미와 재원이도 서둘러 나란히 식탁에 앉았다. 따뜻한 우유를 마시니까, 잠시 잊고 있던 추위가 생각났다.
"아까는 정말 추웠지?"
세미의 말에 재원이가 고개를 끄덕였다.
"추워서 잠에서 깨긴 처음이었다니까!"
쌍둥이는 토스트를 오물거리면서도 똑똑이에 대한 이야기를 멈추지 않았다.
"똑똑이가 말투를 금세 바꾼 게 너무 신기하지?"
"네가 텔레비전을 켠 게, 정말 좋은 생각이었어."
그때였다.
"얘들아!"
잠자코 쌍둥이의 말을 듣고 있던 차분해 여사가 아주 낮은 음성으로 아이들을 불렀다. 순간, 세미도 재원이도 얼굴에서 웃음기가 사라졌다.
'아! 우리 아직 야단 안 맞았지?'
지금의 '얘들아!'는 차분해 여사가 아이들을 꾸짖거나 중요한 말을 할 때, 그 시작을 알리는 '얘들아!'였다. 쌍둥이는 잔뜩 긴장한 얼굴로 차분해 여사를 바라보았다. 차분해 여사는 천천히 입을 열었다.

"어린아이 앞에서 욕을 하면, 그 아이들은 금세 욕을 배워. 욕하는 게 좋은 건지 나쁜 건지, 판단할 능력이 없으니까 무조건 따라하는 거야."

아이들이 고개를 끄덕일 때까지 잠시 기다렸다가 차분해 여사가 말을 이었다.

"AI는 어쩌면 욕을 잘 배우는 어린아이와 같을지 몰라. AI는 우리의 말이나 글, 이미지 등으로 학습해. 그게 모두 데이터니까. 이때 AI는 데이터에 대해 옳고 그름을 판단하지 않아. 그래서 틀린 데이터로 학습시킨 AI는 틀린 말을 할 수밖에 없고 옳지 않은 데이터로 학습한 AI는 옳은 행동을 할 수 없지! 앞으로 너희가 똑똑이를 학습시킬 때, 이 점을 잊지 않기를 바라."

세미는 크게 깨달은 듯 확신에 찬 표정으로 대답했다.

"응, 엄마. 잊지 않을게!"

옆에 있던 재원이도 큰 소리로 말했다.

"나도, 나도."

쭉쭉 늘어나는 단짠 치즈 동영상의 비밀

○○○○●○○○○

 토요일 아침, 식사를 마친 나잘나 박사는 급한 일이 생겼다며 연구실에 다녀온다고 집을 나섰다.
 "오늘도 똑톡이와 많은 이야기를 나누기를 바란다."
 "걱정 마! 오늘은 상상, 거짓말 이런 말은 절대 안 할게."
 세미의 대답에 재원이도 말을 보탰다.
 "옳은 말, 고운 말만 해서, 똑톡이가 옳고 고운 데이터로 학습할 수 있게 할게!"
 "그럼 엄마도 마음 푹 놓고 요가 학원에 다녀올 수 있겠네!"
 아이들에게 단단히 이르고 나서 차분해 여사도 집을 나섰다. 현관문이 닫히자마자, 똑톡이가 말했다.
 "어제 집 안을 충분히 살피지 못했어. 좀 더 돌아다녀도 될까?"
 "그럼!"

세미가 신이 나서 대답했다. 주말은 하루 3시간씩, 인터넷 사용이 허용되는 날이었다. 그래서 쌍둥이는 토요일과 일요일 오전 3시간씩 인터넷에 접속해서 놀았다. 일주일 내내 그 시간을 얼마나 기다리는지 모른다! 하지만 오늘은 똑똑이 때문에 포기하려 했는데, 똑똑이가 집 안을 둘러본다고 하니, 세미는 잠깐이라도 인터넷으로 놀 수 있겠다고 생각했다.

"나랑 같이 살펴볼래?"

세미와 달리 재원이는 똑똑이 앞에 섰다. 누구보다 인터넷 게임을 즐기는 재원이였지만, 똑똑이를 혼자 두고 놀고 싶지 않았다. 아니, 똑똑이랑 더 놀고 싶었다.

"정말? 그럼 난 너무 좋지!"

세미는 태블릿을 켜, 유튜브에 로그인했다. 유튜브 첫 화면에 로딩되는 동영상들은 모두 세미가 좋아할 만한 것들이었다. 뉴진핑 오빠들의 뮤직비디오와 방송 출연 영상, 하이키 언니가 연출한 안무와 춤 영상, 맛있는 빵이나 과자를 소개하거나 만드는 방법을 알려 주는 영상 등등 그래서 첫 화면만 봐도 1~2시간이 훌쩍 지나갔다.

 이것저것 둘러보던 세미는 '쭉쭉 늘어나는 단짠 치즈, 이 재미에 먹는다!'라는 동영상을 보기 시작했다. 치즈를 보며 입맛을 다시고 있을 때, 재원이와 똑톡이가 돌아왔다.

 "뭘 보는데 그렇게 맛있게 입맛을 다셔?"

 재원이는 영상을 보며 혼자 입맛을 다시고 있는 세미가 신기했다. 세미는 재원이와 똑톡이에게 동영상을 보여 주었다.

 "쭉쭉 늘어나는 단짠 치즈!"

 그런데 동영상을 다 본 똑톡이가 세미에게 앞발을 내밀었다. 그러자 두 번째 발가락에서 발톱처럼 USB가 나왔다!

 "태블릿에 접속하게 해 줄래? 그러면 누나가 정말 좋아할 만한 동영상을 찾아서 보여 줄게!"

 세미가 태블릿의 접속 단자를 똑톡이 발쪽으로 돌리자, 똑톡이는 USB를 태블릿 접속 단자에 넣었다. 그러자 새로운 동영상이 재생되었다. 세미가 놀라 소리쳤다.

 "우와, 어떻게 이걸? 정말 대단한걸?"

 똑톡이가 틀어 준 동영상은 세미가 딱 원하는 영상이었다.

"알고리듬? 그게 뭐야?"

재원이가 고개를 갸우뚱하며 묻자, 똑똑이가 똑똑한 어른처럼 대답했다.

"알고리듬은 어떤 문제를 해결하거나 목표를 달성하기 위해, 명확하고 단계적인 절차나 규칙으로 만든, 일종의 설계도야. 문제를 해결하기 위한 방법이나 과정을 체계적으로 정리한 거지."

"무슨 소리인지 하나도 모르겠어. 너무 어렵다고…."

투덜거리는 재원이와 달리 세미는 의기양양하게 말했다.

"아! 개그맨들이 '신비한 알고리듬의 세계'라고 하던, 그 알고리듬이야?"

"알고리듬의 세계가 신비한 건지는 잘 모르겠지만, 내 알고리듬이 누나한테 이 동영상을 보여 주게는 했어."

세미는 뭔가 생각하는 듯하더니, 고개를 갸우뚱했다.

"어떻게?"

똑똑이는 조금 전보다는 아이처럼 대답했다.

"누나가 동영상을 보고 있는 걸 보고, 어떤 동영상을 좋아할지 나에게 질문했지. 누나가 보고 있는 동영상은 '치즈', '요리'와 관련된 거였고, 형이랑 집 안을 구경하다 누나 방에서 '하이키'라는 댄서를 본 게 떠올랐어. 그것들을 데이터로 활용해 알고리듬을 따라갔고, 그렇게 '하이키가 치즈 요리하는 영상'을 찾은 거야."

"아하, 그러니까 그런 데이터를 전부 모아서 자료로 활용했다는 거구나?"

좋아하는 것을 알려 주는 알고리듬

나잘나 박사의 한마디

알고리듬(Algorithm)은 알고리즘이라고도 하는데, '문제를 해결하기 위한 절차나 방법'을 뜻하는 수학 용어였어. 수학 문제를 풀려면, 일정한 순서와 방법이 있어야 하는 것처럼, 컴퓨터 과학에서도 문제 해결을 위한 절차와 방법, 즉 알고리듬이 필요해. 알고리듬을 컴퓨터 언어인 코드로 바꾸면 프로그램이 되는 거란다.

"재원아! 세미야!"

그때였다. 나잘나 박사가 쌍둥이를 부르는 소리가 들렸다. 세미가 집 안으로 들어서는 나잘나 박사를 반갑게 맞았다.

"아빠다! 아빠, 이번엔 우리가 똑똑이한테 학습당했어!"

"응?"

세미의 말에 나잘나 박사가 고개를 갸웃하자, 재원이가 웃으며 대신 말했다.

"똑똑이한테 알고리듬에 대해 배웠거든."

"그래?"

나잘나 박사의 입이 함박 벌어졌다. 누군가를 가르친다는 건, 그만큼 언어 구사를 잘하게 되었다는 뜻이다! 나잘나 박사는 더욱 욕심이 났다.

"오늘은 아빠와 같이 똑똑이를 학습시키자!"

나잘나 박사는 이렇게 말하며, 텔레비전을 켜서 OTT를 하나 선택했다.

"오늘은 같이 만화 시리즈를 정주행해 볼까?"

나잘나 박사의 말에 쌍둥이는 신이 났다.

"좋아!"

"똑똑이 너도 이리 와!"

세미와 재원이가 나잘나 박사 양옆에 앉았고, 똑똑이는 재원이 옆에 앉았다.

"뭘 볼까?"

재원이의 말에 새미가 당연한 듯 말했다.
"뭘 고민해? 추천 프로그램이 있잖아!"
이렇게 말하던 세미가 나잘나 박사를 쳐다봤다.
"아빠! 그런데 OTT는 우리가 좋아하는 걸 어떻게 알고 추천하는 거야?"
나잘나 박사가 리모컨을 이리저리 누르며 말했다.
"AI를 이용하는 거지."
"여기도 AI라고?"
재원이가 고개를 갸우뚱하자, 나잘나 박사가 슬쩍 쳐다봤다.
"알고리듬에 대해 학습당했다면서!"
"그건 똑톡이의 추천 알고리듬에 대해 학습한 건데…."
재원이의 말에 나잘나 박사가 허허 웃었다. 그러고는 곧 진지한 표정으로 말했다.
"똑톡이의 추천 알고리듬과 OTT 서비스의 추천 알고리듬은 근본적으로 같다고 할 수 있어. 데이터양의 차이가 확실히 다를 뿐이지."
다시 '데이터'가 등장했다!
"똑톡이는 너희의 데이터만으로 추천했을 거야."
세미가 고개를 끄덕였다.
"맞아. 똑톡이는 내가 보고 있던 동영상이랑 내 방에서 얻은 정보를 데이터로 활용해서 추천했다고 했어."
나잘나 박사도 고개를 끄덕였다.

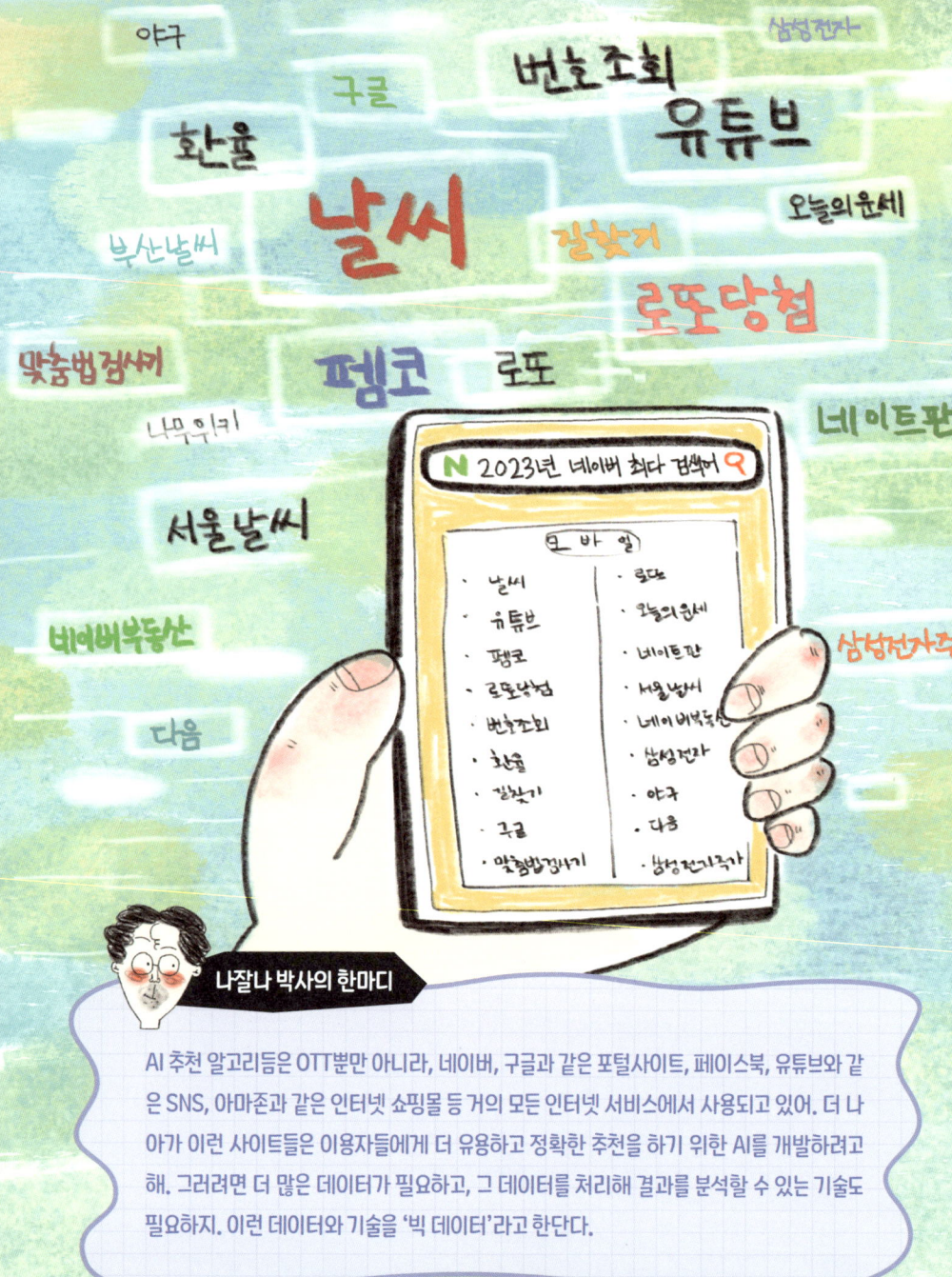

나잘나 박사의 한마디

AI 추천 알고리듬은 OTT뿐만 아니라, 네이버, 구글과 같은 포털사이트, 페이스북, 유튜브와 같은 SNS, 아마존과 같은 인터넷 쇼핑몰 등 거의 모든 인터넷 서비스에서 사용되고 있어. 더 나아가 이런 사이트들은 이용자들에게 더 유용하고 정확한 추천을 하기 위한 AI를 개발하려고 해. 그러려면 더 많은 데이터가 필요하고, 그 데이터를 처리해 결과를 분석할 수 있는 기술도 필요하지. 이런 데이터와 기술을 '빅 데이터'라고 한단다.

"그랬을 거야. 하지만 OTT 서비스가 너희에게 추천할 때는 너희가 만든 데이터뿐만 아니라, 다른 사람의 데이터까지 종합해서 추천할 콘텐츠를 결정해."

나잘나 박사의 설명이 이어졌다. 세미와 재원이는 한껏 흥미로운지 귀를 쫑긋하고 있었다.

"OTT 서비스를 이용하는 사람은 아주 많지? 그런데 이용자들은 서비스를 가입할 때 성별, 연령, 사는 지역 등의 정보, 즉 데이터를 제공해. 서비스를 이용하면서도, 이용자들은 데이터를 제공하지. 콘텐츠를 이용한 뒤 '좋아요!'나 '별점'을 주는 게 대표적이야. 게다가 이용자들이 콘텐츠를 보는 것만으로도, 데이터가 생성된단다. 어떤 이용자가 한 콘텐츠를 여러 번 본다면, 그건 그 콘텐츠를 좋아한다는 뜻으로 생각할 수 있겠지? 반대로 어떤 콘텐츠를 보다가 중간에 멈춘다면 그 콘텐츠가 재미없거나, 그 콘텐츠를 재미없어 한다는 의미일 거야. 또 어떤 이용자가 애니메이션을 즐겨 본다면, 애니메이션 장르를 좋아한다고 판단할 수 있지. 이런 행동들이 모두 데이터가 되는 거야. 우리에게 보이는 추천 콘텐츠는 이 모든 데이터를 모아서 AI를 이용해 분석한 결과인 거야."

나잘나 박사의 긴 설명이 끝나자 세미가 고개를 끄덕였다.

"그러니까 이용자가 가입할 때뿐만이 아니라 콘텐츠를 이용할 때마다 데이터가 생기는 거네!"

재원이는 심각한 표정을 지었다.

"이용자가 한두 명도 아니고, 몇백만, 몇천만 명이잖아? 그런데 그 이용자들이 콘텐츠를 이용할 때마다 또 데이터가 생기면…. 와! 데이터양이 어마어마하겠다!"

세미와 재원이는 뭔가 이해가 되는 듯, 서로를 쳐다보며 고개를 끄덕였다. 그때 나잘나 박사가 이렇게 질문했다.

"그런데 AI가 추천하는 콘텐츠만 보는 게 과연 좋은 걸까?"

세미와 재원이는 전혀 생각지도 못한 질문이었다. 쌍둥이의 얼굴을 살피던 나잘나 박사가 똑톡이에게 물었다.

"똑톡이가 얘기해 줄래?"

나잘나 박사의 말에 똑톡이가 또박또박 대답했다.

"AI가 추천한 것만을 보는 것은 좋다고 할 수 없을 것 같아요. AI 추천 알고리듬은 같은 연령, 같은 성향의 사람들이 똑같이 좋아할 만한 것을 추천하기 때문에, 추천한 것만 접하게 되면, 특정한 성향이 더 강화될 수밖에 없어요. 더 나아가 그 성향이 세상의 전부인 것처럼 착각할 수 있어요."

"추천 서비스 때문에 착각하게 된다는 거야?"

세미가 고개를 갸웃하자, 똑톡이가 말을 이었다.

"예를 들어, 과일 가운데 바나나를 좋아하는 사람이 바나나를 좋아하는 사람들, 바나나로 요리하는 사람들과 관련된 콘텐츠만 보게 된다고 생각해 봐. 그러면 그 사람은 세상 사람 모두가 바나나를 좋아한다고 생각하기 쉬울 거야. 하지만 세상 사람 모두가 바나나를 좋아하지 않아. 심지어는 바나나 알레르기가 있어서 바나나를 피해야 하는 사람도 있지."

"와!"

똑 부러진 대답에 재원이가 놀란 눈이 되어 똑똑이를 쳐다보았다. 세미는 팔짱을 끼며 삐친 것처럼 말했다.

"똑똑이 너! 이제부터 나한테 누나라고 하지 마! 동생이 그렇게 똑똑하면 어떡해!"

나잘나 박사가 허허 웃는데, 재원이는 고개를 저었다.

"그래도 똑똑이는 내 동생이야! 내 하나밖에 없는!"

재원이는 새로 생긴 동생이 너무 사랑스럽고, 자랑스러웠다. 재원이는 나잘나 박사에게 물었다.

"아빠, 오늘부터 나 똑똑이랑 같이 자면 안 돼?"

"왜 안 되겠니!"

재원이는 똑똑이를 꼭 끌어안았다.

"너도 좋지?"

"응! 나도 좋아!"

재원이와 똑똑이는 한참 동안 서로를 바라보았다.

'나'를 파괴하지 마!

주말을 똑똑이와 함께 보낸 쌍둥이는 월요일 첫 수업부터, 마지막 수업을 기다렸다.

"아, 집에 빨리 가고 싶다!"

1교시 수업이 끝나자마자, 세미가 뒤에 앉은 재원이를 돌아보며 말했다.

"나도 그래!"

재원이도 씩 웃었다. 둘은 말하지 않아도 왜 그런지 안다.

"똑똑이가 뭘 하고 있을까?"

"우리가 없어서 심심해하지는 않겠지?"

그때 교실 뒤편이 떠들썩해졌다. 수호가 아이들에게 뭔가를 보여 주고 있었다.

"너희 이런 그림 그릴 수 있어?"

수호가 거들먹거리며 말했다.
"우와! 어떻게 한 거야?"
"지난주 미술 시간에 쓴 그림 그리기 AI를 이용했지!"
그런데 아이들이 킥킥거리면서, 세미와 재원이를 힐끔거렸다. 이를 눈치챈 세미가 성큼성큼 아이들을 향해 갔다.
"뭐야?"
세미가 가까이 가자 수호는 서둘러 도망가려다 세미에게 딱 붙잡혔다. 수호가 가지고 있던 종이를 뺏어 본 순간 세미의 얼굴이 새빨개졌다.

저녁 식사 시간에 세미는 여전히 분이 가시지 않은 듯 핏대를 세워 가며 말했다.

"화가 너무 나는데, 뭔가 창피한 느낌도 들었어. 그래서 아무 말도 못 했어. 그게 더 분해!"

담임 선생님으로부터 이야기를 전해 들은 차분해 여사가 위로하듯 세미에게 말했다.

"그런 일을 당했다면 누구라도 말문이 막혔을 거야."

"나도 진짜 어이가 없었어. 담임 선생님이 계셔서 수호가 혼이 나, 그나마 다행이었다니까."

재원이는 이렇게 말하며 가만히 한숨을 내쉬었다. 재원이는 수호의 그림을 보면서, 자신의 얼굴에 여성의 몸을 합성했다는 사실에 너무 많이 화가 났다.

'남자인데, 여자의 몸이라니!'

그것은 '재원이는 여자일지도 몰라!'라고 말하는 것 같았다.

"담임 선생님이 수호의 행동이 우리 정체성을 해친 거라고 말해 주셨어."

"담임 선생님께 듣기로는 수호가 사과했다고 하던데…."

차분해 여사의 말에 세미가 고개를 끄덕였다.

"응. 수호가 미안하다고 했어. 완전히 울먹이면서 사과하는데, 진심인 것 같아서 용서하기로 했어."

차분하게 말하던 세미가 갑자기 태세를 바꾸었다.

"하지만 지켜볼 거야! 앞으로 또 그러면 가만두지 않을 거라고!"

차분해 여사의 한마디

정체성이란 '어떤 존재가 본질적으로 가진 특징'을 말한단다. 사람들은 저마다 정체성을 갖고 있어. 쌍둥이라도 외모가 100% 같을 순 없고, 성격이 아무리 비슷해도 똑같을 수는 없지. 사람마다 정체성이 다르기 때문에 '내가 나'일 수 있는 거야. 따라서 타인의 정체성을 파괴하거나 왜곡하는 건, 그 사람의 인격을 해치고 모욕하는 거야. 한 마디로 '인격권'을 침해하는 거란다.

세미는 이렇게 말하고는 숟가락을 들었다.

"갑자기 배가 고프네!"

세미의 말에 재원이도 숟가락을 들었다. 그런데 몇 숟가락 먹지 않았을 때, 세미가 숟가락을 내려놓으며 말했다.

"아! 그런데 생각해 보니까 한 가지 더 짚고 넘어갈 게 있네!"

세미가 차분해 여사를 바라보며 물었다.

"수호가 나랑 재원이 사진을 사용하려면, 허락을 받아야 하는 거지?"

차분해 여사가 진지하게 대답했다.

"그럼, 당연하지. 사람에게는 자기 모습이 촬영되거나 널리 알려지지 않도록 할 권리가 있거든. 그 권리를 '초상권'이라고 해. 초상권 역시 인격권의 하나라고 할 수 있지."

세미는 다시 숟가락을 들며, 똑똑이에게 물었다.

"내일 학교에 가서 수호한테 우리 초상권을 침해한 것에 대해서도 사과하라고 해야겠지?"

"응!"

똑똑이의 대답에, 식구들 모두가 똑똑이를 쳐다보았다. 나잘나 박사가 약간 놀란 말투로 똑똑이에게 물었다.

"왜?"

"수호는 세미와 재원이의 정체성을 왜곡한 것뿐만 아니라 초상권도 침해했어요. 그런데 수호에게 정체성 왜곡에 대한 사과만 받은 것 같아서요."

차분해 여사가 놀란 듯 나잘나 박사를 쳐다보며 말했다.
"여보, 우리 똑똑이 대단하네요!"
나잘나 박사는 어깨를 으쓱하며 똑똑이에게 다시 물었다.
"AI의 발달이 정체성 왜곡이나 초상권 침해와 관련이 있을까?"
똑똑이가 거침없이 대답했다.
"그렇다고 할 수 있어요. AI가 발달하고 널리 쓰이면서 정체성 왜곡과 초상권 침해 사례가 늘어나고 있으니까요."
재원이가 맞장구치듯 말했다.
"수호가 우리 사진으로 그런 그림을 만들어 낸 것도 그림 그리기 AI를 사용했다고 했어."
똑똑이가 말을 이었다.
"AI가 발달할수록, 실제 사람의 이미지를 활용해 그 사람이 하지 않은 것도 한 것처럼 보이는, 정교한 사진이나 동영상을 만들 수 있어요."
차분해 여사가 심각하게 말했다.
"맞아. 딥페이크(Deepfake)로 인한 문제도 심각해졌지. 특히 10대들이 많은 피해를 보고 있다고 하더구나."
그때, 똑똑이의 목걸이가 반짝반짝 빛나면서, '삑삑' 소리를 내기 시작했다.
"갑자기 왜 이래?"
세미가 나잘나 박사를 쳐다보았다. 재원이도 똑똑이와 나잘나 박사를 번갈아 보며, 걱정스런 목소리로 말했다.

딥페이크와 범죄

차분해 여사의 한마디

딥페이크는 딥 러닝(Deep Learning)과 거짓을 뜻하는 Fake가 합쳐져 만들어진 말로, 딥 러닝을 이용해 이미지 등을 합성하는 기술을 말해. 이 기술은 영화, 이미 세상을 떠난 뮤지션들의 뮤직비디오, 가상 현실에서 활동하는 모델 등을 만드는 데 사용되었는데, 요즘은 범죄에 사용되면서 큰 문제가 되고 있단다.

"똑똑이에게 무슨 일이 일어난 거예요?"

"아니, 똑똑이는 문제없어."

나잘나 박사의 목소리는 더없이 차분했지만, 눈빛에는 뭔가 걱정이 어려 있었다.

"저 소리는 비상 상황이 발생하면 울리는 경보인데, 일종의 긴급 재난 문자 같은 거지."

집이 흔들리거나 하지 않는 걸 보니, 지진과 같은 재해는 아닌 듯싶었다. 나잘나 박사는 고개를 갸웃하더니, 거실로 향했다.

고양이만 한 쥐 떼가 나타났다고?

○○○○○○●○○○

"도대체 무슨 일이지?"

"아빠 연구실에 무슨 일이 생겼나?"

세미와 재원이가 얼굴을 맞대고 수군대는 사이 차분해 여사의 스마트폰이 울렸다.

"어머!"

스마트폰을 확인하던 차분해 여사는 벌떡 일어나 거실로 갔다.

"무슨 일이 난 건가?"

세미 눈이 휘둥그레졌다. 재원이도 화들짝 놀라 어쩔 줄을 몰라 하며 말했다.

"그런가 봐!"

세미와 재원이도 식탁 의자에서 벌떡 일어나, 차분해 여사를 따라갔다. 똑똑이도 그 뒤를 따랐다.

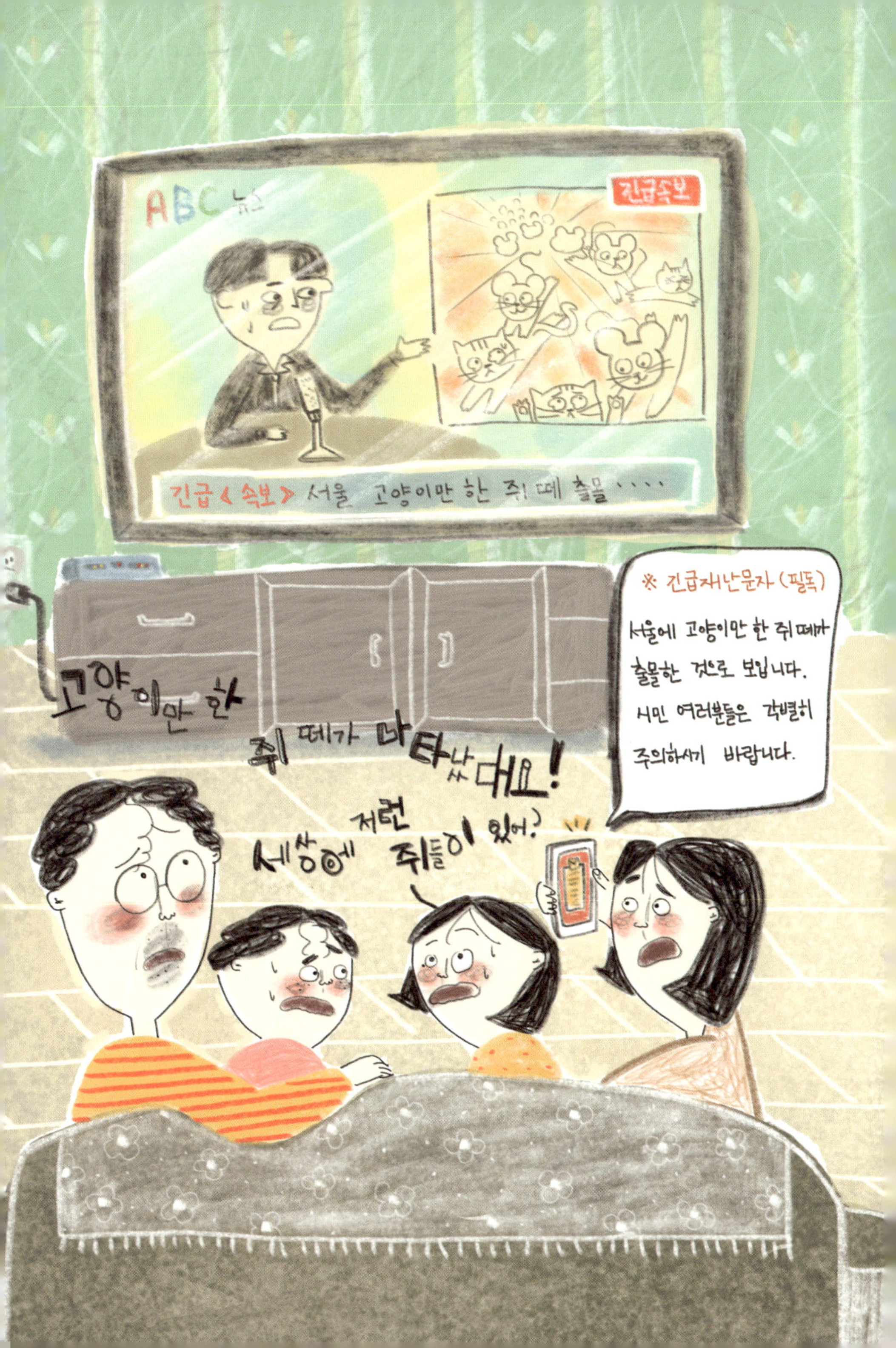

텔레비전에서는 뉴스 속보가 방송되고 있었다. 뉴스 화면에는 고양이만 한 쥐 떼가 거리를 점령한 채 여기저기를 들쑤시고 다니는 모습, 이를 본 사람들이 기겁을 하며 달아나는 모습이 보였다. 유심히 화면을 보던 나잘나 박사는 심각한 표정을 지었다.
"어, 저기는 우리 연구실 근처인 것 같은데?"
그 사이 재원이가 태블릿을 켰다. 유튜브에도, SNS에도 '고양이만 한 쥐 떼'와 관련된 동영상으로 가득했다.
"저런 쥐 떼를 만나면 기절하고 말 거야!"
세미가 인상을 쓰며 말했을 때였다.
"고양이만 한 쥐 떼들이 출몰하고 있다고 합니다. 우리 아파트에도 출몰할 수 있으니, 입주민들은 조심하시기….”
아파트 관리사무소에서 경고 방송을 했다.
재원이는 고개를 갸웃했다.
"무슨 쥐가 고양이만 해? 어떻게 그런 쥐가 있을 수 있지?"
잠시 생각에 잠겼던 세미가 미심쩍은 목소리로 말했다.
"돌연변이 아닐까?"
세미는 나잘나 박사를 쳐다보며 물었다.
"아빠, 연구실 주변에 쥐를 갖고 실험하는 연구실도 있어?"
나잘나 박사는 텔레비전에서 눈을 떼지 못한 채, 고개를 끄덕였다.
"있지."
세미는 확신에 찬 표정으로 말했다.

"거봐! 틀림없어, 돌연변이. 쥐를 갖고 실험하던 연구소에서 돌연변이 쥐가 탄생한 거야. 쥐한테 이것저것 이상한 약물을 넣고 실험하다 보니까, 몸집이 고양이만 하게 커지는 돌연변이가 발생한 거라고!"

재원이도 맞장구를 쳤다.

"누나! 진짜 그럴듯한데? 쥐가 고양이만 해지니까, 쥐들이 살던 케이지를 부수고 거리로 뛰쳐나온 거지!"

그때였다. 텔레비전에서 속보를 알리는 아나운서의 음성이 들렸다.

잠시 뒤, 방송과 인터넷 뉴스를 통해 발표된 '고양이만 한 쥐 떼 습격 사건'은 딥페이크 기술을 이용해 정교하게 제작된 동영상이 사람들 사이에 퍼지면서 언론에 제보되었고, 그대로 텔레비전 뉴스를 통해 방송되면서 일어난 사고임이 밝혀졌다.
"아니, 어떻게 이런 일이 일어날 수 있어? 기자들은 확인도 안 하고 방송을 내보내는 거야?"
세미가 이해할 수 없다는 듯 고개를 절레절레 저었다. 하지만 태블릿으로 관련된 여러 동영상을 찾아보던 재원이는 생각이 달랐다.
"이렇게 진짜 같은 영상이 있는데, 어떻게 믿지 않을 수 있겠어? 게다가 아무리 고양이만 한 쥐들이라도, 쥐는 쥐잖아! 쥐가 한자리에 계속 있는 거 봤어? 여기저기 뛰어다닌다고 생각했을 테니까, 기자들도 확인하기 쉽지 않았을 거야."
재원이의 말이 일리 있게 들렸던 세미는 고개를 끄덕였다.
"그럴 수도 있겠다! 쥐가 나 잡아가라, 하고 가만 있는 동물은 아니니까!"
이렇게 말하던 세미는 킥킥 웃기 시작했다. 재원이가 영문을 모르겠다는 눈빛으로 쳐다보자, 세미는 키득키득 웃으며 이렇게 말했다.
"우리 앞집 고양이 말이야, 겁쟁이 고양이. 그 고양이가 앞집 아줌마를 따라 산책을 나갔는데, 자기만 한 쥐 떼를 만났다고 생각해 봐. 겁쟁이 고양이는 어떻게 행동했을까?"

세미는 뭐가 그리 재밌는지, 배꼽을 잡고 웃었다. 하지만 재원이는 전혀 웃기지 않았다. 웃지 않는 재원이 때문에 김이 샌 듯, 세미도 웃음을 멈췄다.
 "이런 상상을 재미없어 하는 것도 뭐, 너의 정체성이니까. 맞장구를 쳐 주지 않아도 내가 이해해야지."
 그런데 재원이만 웃지 않은 게 아니었다. 차분해 여사와 나잘나 박사는 아주 심각한 표정을 짓고 있었다.
 "딥페이크로 만든 가짜 뉴스로 일어날 수 있는 심각한 상황을 이렇게 직접 겪게 될 줄은 몰랐구나."
 차분해 여사는 충격을 받은 모양이었다. 세미는 슬쩍 차분해 여사의 눈치를 보며 말했다.
 "심각하기는…. 아무 일 없었잖아."
 "그거야 알 수 없지."
 나잘나 박사가 차분해 여사 못지않게 무거운 목소리로 말했다.
 "저 뉴스 때문에 경찰서나 소방서 같은 기관에서는 진상을 조사하기 위해 여러 사람들을 출몰 지역에 보냈을 거야. 그런데 이때 화재 같은 큰 사고가 났다면, 단 몇 분이라도 출동이 지연될 수 있어. 그 몇 분 동안 어떤 불상사가 일어날지 누가 알겠니?"
 세미는 입을 꾹 다물었다.
 "딥페이크를 이용해서, 정교하게 만든 가짜 뉴스들은 가짜인지 진짜인지 판단하는 데 시간이 오래 걸려. 시간이 걸릴수록 피해도 커질 수 있지."

분위기가 무겁게 가라앉았다. 그래서인지 세미의 눈꺼풀도 무거워지기 시작했다.

"생성형 AI가 등장하면서부터 가짜 뉴스로 인한 문제가 더욱 커지고 있는 것 같아. 그렇지 않니, 똑똑아?"

나잘나 박사의 물음에 똑똑이가 대답했다.

"네! AI가 무언가를 생성할 수 있게 되면서, 누구나 쉽게 글이나 이미지, 동영상까지 만들어 낼 수 있게 됐으니까요."

"생성형 AI? 그게 뭔데?"

재원이는 처음 듣는 단어였다. 똑똑이가 똑 부러지게 대답했다.

"AI는 사람의 두뇌처럼, 소리나 이미지를 인식하고 그것들을 분석하거나 분류하는 데 초점을 맞춰 개발됐어. AI 추천 알고리듬, 안면 인식 프로그램 같은 게 대표적이지. 그에 비해 생성형 AI는 새로운 걸 만들어 내. 사람들이 요구하는 것을 이해하고 분석해서, 묻는 말에 대답하고, 이야기를 만들어 내고, 그림을 그리고, 작곡을 할 수 있는 거야. 글, 이미지, 소리, 동영상 등등을 자유롭게 생성할 수 있으니까 딥페이크도 쉽게 만들 수 있게 된 거지."

나잘나 박사가 활짝 웃는 얼굴로 똑똑이를 바라보았다.

"우리 똑똑이가 이렇게 똑똑한 것도 다 생성형 AI 덕분이지?"

똑똑이가 고개를 끄덕였다.

"맞아요! 만약 그냥 AI였다면, 저는 프로그램에 입력된 대로만 대답할 수 있었을 거예요. 그래서 제 프로그램에 입력되지 않은 질문에는 대답할 수 없거나 다른 답을 할 수밖에 없었겠죠. 하지만 생성형 AI라서, 어떤 질문에든 대답할 수 있어요!"

재원이가 기억을 더듬는 듯한 표정으로 물었다.

"그럼 미술 시간에 사용한 그림 그리는 AI도 생성형 AI야?"

나잘나 박사는 잠깐 생각을 하더니 이렇게 말했다.

"직접 사용해 보지 않아서 확실하지는 않지만, 아마 그럴 거 같은데?"

재원이는 뭔가 이해가 안 가는 듯 눈만 깜빡거렸다.

"생성형 AI는 어떻게 그림을 생성해?"

나잘나 박사가 웃으며 대답했다.

"생성형 AI는 이 세상 모든 데이터로 학습했어. 인터넷에서 볼 수 있는 글, 이미지, 소리, 영상 등등 모든 콘텐츠가 생성형 AI의 학습 데이터라고 해도 틀린 말이 아닐 거야. 이 데이터에는 선사 시대에 그려진 동굴 벽화부터, 수많은 화가들의 작품은 물론 요즘 아이들 낙서, 또 그림 그리기 이론에서 그림에 대한 평론까지, 그림에 대한 모든 것이 포함되어 있지. 생성형 AI는 이 데이터들을 인식하고 분석하고 종합해서 그림을 생성해 내는 거야."

"와! 대단하네!"

세미가 감탄하듯 말했지만, 눈에는 졸음이 밀려오고 있었다. 이에 반해 재원이의 눈은 점점 더 초롱초롱해졌다. 여전히 이해가 안 갔다. 데이터를 인식하고 분석하고 종합한다는 말이 무슨 뜻인지 이해하기 어려웠다.

"그럼, 생성형 AI가 이미 그려진 그림들을 모방한다는 거야?"

"모방이라…. 그렇다고 할 수는 없을 것 같아. '저작권'이 있는 그림을 모방하면 저작권을 침해했다고 벌을 받거나 저작권 사용료를 내야 해. 그러니 생성형 AI가 특정한 작품을 모방한다고 판단된다면, 사람들은 사용하지 않을 거야."

재원이가 다시 질문을 하려는데, 세미가 재원이의 옆구리를 찔렀다.

"졸려!"

차분해 여사가 고개를 끄덕였다.

"그래, 오늘은 너무 늦었어."

나잘나 박사의 한마디

생성형 AI가 그림을 생성할 때, 사람들이 그린 그림을 데이터로 사용해. 그 가운데는 저작권이 있는 화가들의 작품도 있지. 그런데 생성형 AI는 엄청나게 많은 그림을 데이터로 사용하기 때문에, 생성형 AI가 생성한 그림이 특정 작품을 모방했다고 딱 잘라 말하기가 어려워서 저작권을 주장하기가 쉽지 않은 거야. 이 때문에 화가들은 작품을 그리는 게, 생성형 AI의 데이터를 늘려 주는 꼴만 된다고 생각하기도 하지. 문학, 음악, 디자인 등 모든 예술 분야에도 똑같은 문제가 발생하고 있어.

입꼬리가 축 처진 걸 보니

○○○○○○●○○

"같이 가."

다음 날 하굣길, 세미의 말에도 앞서 걷던 재원이는 슬쩍 돌아보기만 했을 뿐, 아무 대답을 하지 않았다. 그러자 세미가 멈춰 서더니, 어깨에서 가방을 내렸다.

"이것 좀 들어 줘."

재원이는 말을 하고 싶지 않아, 세미의 가방을 받아 들었다. 그러고는 다시 빠른 걸음으로 걷기 시작했다.

'일찍 자 놓고 왜 저래?'

재원이는 어제 세미가 질문을 못 하게 한 게, 영 못마땅했다.

'자기가 궁금한 게 있으면 못 참으면서….'

재원이는 아침부터 일부러 세미와 눈도 마주치지 않았다. 그리고 세미의 가방을 들고 집에 들어설 때까지, 한 번도 뒤돌아보지 않았다.
 집에 도착한 재원이는 세미 방 앞에 세미의 가방을 아무렇게나 던져 놓고 자기 방으로 들어가 버렸다.

방으로 들어온 재원이는 침대에 벌러덩 누웠다. 재원이는 피곤했다. 어제 차분해 여사와 나잘나 박사, 세미는 바로 잠을 잤는지 모르지만, 재원이는 똑똑이와 늦게까지 이야기를 나누었다.

똑똑이 덕분에 생성형 AI가 만든 동영상도 보았다. 도쿄 시내를 배경으로 걷는 여성의 모습을 담은 영상이었는데, 모든 걸 AI가 생성한 것이라고 했다. 영상을 보며 너무 놀랐다.

'진짜 같은데, AI가 만들어 낸 거라니! 똑똑이가 있으면 더 이야기를 나눌 텐데….'

오늘 아침, 나잘나 박사가 똑똑이를 데리고 연구실로 출근했기 때문에 재원이는 혼자였다.

"똑똑아, 빨리 와라."

밤새 잠을 못 잤던 재원이의 눈이 스르륵 감겼다.

시간이 얼마나 지났는지, 창밖이 캄캄했다.

"엄마 안 왔나?"

침대에서 벌떡 일어난 재원이는 방문을 열고 밖으로 나갔다. 이상했다. 집 안 전체가 어둑어둑했다.

"엄마 올 시간이 훨씬 지난 것 같은데…."

재원이는 세미 방으로 가서 방문을 두드렸다.

"나세미!"

이름을 부르면 가만있을 나세미가 아닌데, 이상하게도 아무 대답이 없다. 방문을 살짝 열어 보니, 세미 방 역시 거실만큼이나 컴컴했다. 어두운 집에 혼자 있다고 생각하니 갑자기 오싹했다.

그때 현관문이 삐삐 거리더니, 문이 열렸다.

"아빠!"

"재원아!"

나잘나 박사가 똑톡이를 바닥에 내려놓으며 인사했다. 그러고는 재원이의 안색을 살폈다.

"넌 괜찮니?"

재원이는 나잘나 박사의 말이 뜬금없었다. 나잘나 박사는 재원이 이마를 짚으며 말을 이었다.

"열도 전혀 없고!"

나잘나 박사는 부엌으로 향하며 말했다.

"아까 누나가 열이 많이 나서 병원에 데려간다고, 엄마가 전화했더라고. 너는 잠에 푹 곯아떨어져서 그냥 두고 나왔다던데, 그 잠 덕에 너는 문제없나 보다!"

이렇게 말하던 나잘나 박사가 똑톡이에게 눈을 돌렸다.

"네가 보일러를 끄고, 에어컨을 켜는 바람에 누나가 감기 걸렸어!"

"죄송해요. 그땐 제가 누나와 형의 말을 제대로 이해하지 못해서…."

똑톡이의 말에 나잘나 박사는 웃으며, 재원이를 가리켰다.

"네가 무슨 잘못이니! 선생님들이 잘못한 거지!"

나잘나 박사는 냉장고를 열고 이것저것 꺼내기 시작했다.

"세미 열이 뚝 떨어지게, 뜨끈한 김치콩나물국을 끓여야지!"

병원에서 돌아온 세미는 기운이 하나도 없어 보였다. 저녁을 먹는 내내 재원이는 아무 말을 하지 않았다.
"세미야, 아빠가 끓인 김치콩나물국 먹으면 감기든 몸살이든, 싹 달아난다!"
"알겠어! 한 그릇 뚝딱 먹어 주지!"
"근데, 너 아픈 거 맞아?"
나잘나 박사의 농담에 세미는 자기 엉덩이를 툭툭 쳤다.
"주사를 한 방 맞아서 괜찮은 거야. 아깐 정말…."
세미가 재원이를 잠깐 쳐다보는 듯하다, 말을 이었다. 재원이는 세미의 눈을 피해 고개를 숙였다.

'아! 어제부터 몸이 아픈 거였구나!'

재원이는 세미 탓을 하던 자신이 갑자기 미워졌다.

'엄마 아빠 말이 맞지. 누나는 한참 이야기를 나누는데 자겠다는 사람이 절대 아닌데, 분명 무슨 일이 있는 건데! 그런데 괜히 삐쳐서….'

재원이는 미안한 마음이 들었다. 특히 세미 가방을 아무렇게나 던져둔 게 마음에 걸렸다. 재원이는 세미가 먼저 말을 시켜 주기를 기다렸다. 하지만 세미는 밥 먹는 내내, 재원이에게 말을 걸지 않았다.

저녁을 다 먹고 나서 세미는 나잘나 박사와 차분해 여사에게 먼저 쉬러 간다는 인사를 하고는 방으로 쏙 들어가 버렸다. 재원이는 결국 화해하지 못했다.

다음 날, 학교 가는 내내 세미는 아무 말도 하지 않았다. 학교에서도 세미는 재원이를 쳐다보지 않았다. 집에 돌아오는 길에도 세미는 재원이를 반 발자국쯤 앞서 걸었다.

'누나가 엄청 화가 난 게 분명한데….'

언제나 세미가 먼저 말을 하고, 세미가 먼저 장난을 치고, 세미가 먼저 삐치고, 세미가 먼저 사과했다.

'내가 먼저 삐쳤으니, 내가 먼저 사과하는 게 맞지.'

이런 생각이 들자, 한숨이 나왔다. 언제, 어떻게, 뭐라고 말문을 열어야 할지, 도무지 알 수가 없었다.

학교가 끝나고 집에 도착하자, 세미는 컴퓨터를 차지하고 앉았다. 컴퓨터로 해야 하는 숙제가 있기 때문이었다.

'나도 해야 하는데…. 얼마나 걸릴 것 같으냐고, 물어보면 자연스러울까?'

하지만 재원이는 거실 소파에 앉아, 힐끔힐끔 세미를 쳐다보기만 했다. 타닥타닥, 세미가 치는 키보드 소리가 집 안을 채우기 시작했다. 그 소리가 재원이의 등을 꾹꾹 찌르는 것 같았다.

'아, 진짜!'

마음이 불편해 견딜 수 없었던 재원이는 자기 방으로 숨듯이 들어갔다.

다음 날은 재량 휴업일이라, 쌍둥이는 학교에 가지 않았다. 덩달아 오후 출근으로 스케줄을 조절한 나잘나 박사가 쌍둥이의 방문을 두드리며 잠을 깨웠다.

"일어나! 오늘은 아빠가 새로운 브런치를 선보일 거야!"

"알았어! 알았다고!"

세미가 방문을 열고 나오는 소리가 들렸지만, 재원이는 똑톡이를 꼭 끌어안고 그냥 누워 있었다. 재원이는 눈을 뜰 수가 없었다. 똑톡이를 학습시키느라, 새벽 4시에 잠이 들었기 때문이다.

나잘나 박사가 쳐들어오듯 방문을 열고 들어왔다.

"형, 나 좀 놔줘! 박사님이 들어오셨어!"

똑톡이의 말에 재원이가 팔을 풀자, 재원이 품에서 빠져나간 똑톡이가 침대 끄트머리에서 나잘나 박사에게 이렇게 인사했다.

"좋은 아침입니다, 박사님! 그런데 눈꼬리 양끝이 아래로 처져 반달처럼 보이네요. 기분이 좋으신 모양이에요."

"똑똑이 인사법이 새로운데?"

나잘나 박사는 웃으며 똑똑이를 침대 아래로 내려 주고, 재원이의 몸을 일으켜 세웠다.

"일어나라고! 우리 아들!"

그 사이 똑똑이가 조르르 밖으로 나갔다. 나잘나 박사 손에 이끌려 방에서 나온 재원이는 화장실로 가고, 그 사이 나잘나 박사가 먼저 식탁에 앉았을 때였다.

"세미 누나는 입꼬리가 축 처진 걸 보니, 뭔가 불만이 있는 것 같네!"

똑똑이가 말했다. 그 말에 세미가 한숨을 내쉬었다.

"당연하지! 더 자고 싶은데 못 자니까."

이렇게 말하던 세미가 정신이 든 듯, 등을 똑바로 세웠다.

"너 어떻게 알았어? 내가 불만이 있으면 입꼬리가 처지는 걸."

순간 나잘나 박사가 고개를 갸웃했다.

"아까 나한테는 눈꼬리가 아래로 반달처럼 처진 걸 보니 기분이 좋다고 했는데…."

나잘나 박사의 질문에 똑똑이가 똑 부러지게 대답했다.

"그거야, 학습했으니까요!"

"학습?"

나잘나 박사가 이맛살을 찌푸렸다.

"박사님 이마에 세로로 두 줄 주름이 잡힌 걸 보니, 뭔가 심각한 일이 생겼나 봐요."

똑똑이의 말에 나잘나 박사는 기가 막혀 입이 반쯤 벌어졌다.

"입을 반쯤 벌린 채 아무 말씀을 못 하시는 건, 아주 기가 막힌 상황을 맞닥뜨린 것으로 보입니다."

그때 화장실에서 나온 재원이가 식탁으로 다가왔다. 세미가 의심 가득한 눈으로 재원이에게 물었다.

"너 똑똑이한테 내가 불만 있을 때 짓는 표정을 알려 줬어?"

세미가 먼저 말을 붙여 준 게 그저 고마울 뿐인 재원이는 웃으며 고개를 끄덕였다. 그러자 세미가 기분 나쁜 듯 쏘아붙였다.

"왜 그런 걸 알려 줘? 나한테 허락도 없이!"

세미가 갑자기 버럭 소리를 지르는 통에 나잘나 박사도 재원이도 화들짝 놀라고 말았다. 사실 어젯밤 재원이는 똑똑이에게 가족들의 여러 표정 사진을 보여 주면서 그것이 어떤 감정을 나타내는지를 알려 주었다.

"왜 그런 학습을 시켰니?"

나잘나 박사의 질문에 재원이는 침이 꼴깍 넘어갔다.

"아무것도 아닌 일에 누나한테 삐쳐서, 누나가 아픈 것도 모르고, 누나가 아픈 데도 가방을 팽개쳐 두고 그래서…. 누나한테 사과하고 싶었어. 그런데 언제 사과할지 몰라서, 똑똑이 도움을 받으려고 그랬어. 누나의 표정을 학습시켜서, 즐거운 표정일 때 알려 달라고…."

나잘나 박사의 한마디

기업들은 음성 인식 AI를 이용해 고객들을 응대할 때가 많아. 이때 AI가 사람의 감정을 이해한다면, 고객들의 감정에 맞춘 서비스를 할 수 있어 서비스의 수준이 높아질 거야. 반려로봇이 사람의 감정을 이해한다면, 진짜 강아지나 고양이를 키우는 것만큼 사람들에게 안정감을 줄 수 있을 거고. 요즘은 많은 나라에서 노인 문제가 심각한데, AI가 감정을 이해하면 혼자 사는 노인들의 외로움을 덜어 주고, 간호나 간병에도 이용될 수 있을 거야. 이 때문에 AI에게 사람의 감정을 학습 시키려고 해.

"그러다 아빠 표정도 학습시킨 거구나."

재원이가 고개를 끄덕이자, 나잘나 박사는 기가 차다는 표정으로 눈을 깜빡이며 말했다.

"하긴 사람들은 AI에게 인간의 감정을 인식할 수 있게 학습시키려고 노력하지. AI가 우리들의 감정을 잘 이해하면, 좋을 때가 있으니까."

재원이는 야단맞고 있다는 생각이 들었다.

"아빠, 똑똑이에게 감정을 가르친 게 잘못한 거야? AI가 감정을 인식할 수 있게 학습을 시킨다고도 했잖아."

나잘나 박사가 재원이를 쳐다보며 되물었다.

"네가 똑똑이에게 세미의 감정을 학습한 이유가 뭐지?"

"누나가 기분 좋을 때를 알려 달라고…."

"바로 그 점이야!"

나잘나 박사의 표정이 근엄해져서 말했다.

"너는 누나에게 사과할 기회를 찾기 위해서라고 하지만, 어떻게 보면 그건 똑똑이에게 누나를 감시하게 한 것과 같거든."

생각지도 못한 상황에 재원이는 말문이 막혔다.

"게다가 네가 똑똑이에게 알려 준 건 누나가 어떤 상황에 어떤 표정을 짓는지에 대한 데이터인데, 그건 아주 개인적인 영역의 정보야. 그것을 네 필요에 따라, 허락 없이 AI에게 데이터로 준 거라고."

이어지는 나잘나 박사의 말에 재원이는 멍해졌다.

"아빠, 나는 그냥…."

"네가 무슨 엄청난 짓을 한지, 이제 알았니?"

가만히 듣고 있던 세미가 재원이를 흘겨보았다.

"미안해, 누나. 나는 그냥…."

재원이가 금방 울 것 같은 표정으로 고개를 숙이자, 세미가 픽 웃었다.

"누나한테 사과하고 싶은데, 사과는 못 하고 똑똑이를 학습시켜 이용하려고 해? 야! 필요한 건 똑똑이 학습이 아니라, 네 용기라고!"

그렇게 말하고는 재원이에게 포크를 쥐여 주었다.

"얼른 먹고 용기 내서, 제대로 사과해!"

둘을 보며 나잘나 박사가 씩 웃었다.

"자, 이제 아빠의 특별한 브런치 먹을 분위기가 됐네! 그렇지?"

나잘나 박사와 쌍둥이는 맛있게 늦은 아침을 먹기 시작했다.

네가 나를 공격할까?

○○○○○○●○

    나잘나 박사가 출근하고 얼마 지나지 않아서, 차분해 여사가 학교에서 돌아왔다. 세미는 커피를 마시는 차분해 여사에게 아침에 있었던 이야기를 들려주었다.

    "그래서, 재원이는 사과했어?"

    차분해 여사의 말에 세미는 피식 웃었다.

    "응! 브런치 먹고 숙제하기 전에 아주 깔끔하게 사과했어! 물론 내가 용기를 좀 북돋워 줬지."

    재원이는 창피한 생각이 들어, 고개를 푹 숙였다. 그런 재원이를 보더니 세미가 말을 돌렸다.

    "그런데 엄마, 아빠 말처럼 AI에게 인간의 감정을 가르치면 안 될 것 같아. 누군가 내 감정을 파악하려는 것 같아서 기분 나빠!"

    "하지만 AI가 인간의 감정을 알면 좋은 점도 있지 않을까?"

차분해 여사의 말에 세미가 물었다.
"좋은 점? 그런 게 있을까?"
옆에서 눈치를 보던 재원이가 쓱 끼어들었다.
"시골에서 혼자 사는 할머니한테 똑똑이 같은 반려로봇이 있으면 어떨까? 똑똑이는 밥을 안 줘도 되고, 똥도 안 치워도 되니까 강아지나 고양이를 키우는 것보다 힘도 안 들 거야. 더구나 감정을 이해하니 할머니 말동무도 되고 해서 좋지 않을까?"
차분해 여사가 커피를 한 모금 마신 뒤 말했다.
"일리가 있는 말이야. 하지만 엄마도 감정 인식 AI, 안면 인식 AI를 사용하는 게 정말 걱정되기는 해."

"왜?"

차분해 여사의 말이 끝나기 무섭게 재원이가 물었다.

"안면 인식 기능은 잠금장치를 풀 수 있고, 범죄자를 찾을 수도 있지. 좋은 점이 많아. 하지만 이런 기능을 히틀러 같은 독재자가 손에 쥔다면 자기에게 반대하는 사람들을 찾는 데 이용할 수도 있어. AI가 정치 탄압의 도구가 될 수도 있는 거야."

"그러네! 히틀러 같은 독재자가 AI를 이용하면 안면 인식으로 자기한테 반대하는 사람을 잡아내고, 감정 인식까지 이용하면, 마음속으로 자기를 미워하는 사람들까지 색출해 낼 수 있겠다!"

세미가 이렇게 말하더니 갑자기 킥킥 웃었다.

"궁예가 지금 태어났으면, 관심법 대신 AI를 썼겠어!"

"갑자기 웬 궁예? 후삼국 시대 태봉을 세웠던 그 궁예를 말하는 거야?"

차분해 여사의 말에 세미는 고개를 끄덕였다.

"응, 맞아. 바로 그 궁예! 궁예는 '관심법'으로 사람의 마음을 꿰뚫어 볼 수 있다고 했잖아. 그래서 반란을 일으키려고 했다면서, 고려 태조 왕건도 죽이려고 했어. 기억 나?"

세미가 재원이를 쳐다보자, 재원이가 고개를 끄덕였다.

"궁예가 지금 살았다면, AI로 사람들 감정을 알 수 있을 거 아니야."

세미의 말에 재원이도 피식 웃음이 났다.

한참 신나하던 세미가 다시 심각한 표정으로 말했다.

"하지만 아무리 생각해도, 누군가 내 감정까지 파악하려는 세상은 싫어! 그러니까 엄마! AI 개발을 멈추면 안 돼?"

차분해 여사는 피식 웃었다.

"글쎄. AI 연구자들은 초지능 AI를 개발하려고 하고 있는걸."

"초지능?"

재원이의 물음에 차분해 여사가 말을 이었다.

"초지능 AI란 우리 인간들 모두의 지능을 뛰어넘을 만큼 똑똑한 AI를 말해. 모든 인간을 합친 것보다 모든 분야에 대해 더 많이 알고, 더 똑똑하게 사고하여 판단하고, 더 창의적이고, 더 사회적인 AI지. 한 마디로 영화에 나오는 AI들과 같은 AI를 만들려는 거야."

세미가 뭔가 생각하다, 식탁 아래로 고개를 숙였다.

"똑톡아, 네 생각은 어때? 초지능 AI가 만들어질 수 있어? 영화에 나오는 AI 같은?"

똑톡이는 바로 대답하지 못했다.

"통신에 잠깐 문제가 생겨서, 데이터를 찾고 분석, 종합하는 데 시간이 걸렸어. 과학자들의 주장은 크게 둘로 나뉘어. 일단, 만들 수 있다는 주장이 있어. 지금의 AI도 몇 년 전만 해도 만들 수 없을 것처럼 보였는데 만들어 냈다고 해. 그리고 일단 만들어 놓으면, 학습 속도가 엄청나게 빨라서 초지능 AI를 만들어 내는 건 시간 문제라는 주장이야. 그런데 반대 의견도 만만치 않아. AI의 학습은 수학적인 '계산'으로 이루어지는데, 계산으로는 절대 인간이 가진 감정과 직관, 창의성을 모방할 수는 없다는 거야. 또 초지능 AI의 등장으로 벌어질 수 있는 일들, 즉 영화에서처럼 AI와 인간이 대립할 수 없도록, AI 연구에 신중해야 한다는 주장들 때문에 초지능 AI가 등장하기는 어렵다고도 해. 감시와 규제가 초지능 AI의 등장을 막는다는 거야."

똑똑이의 말을 듣던 재원이가 똑똑이를 식탁 위로 들어 올렸다.
"넌 어때? 네가 초지능 AI가 된다면 어떨 것 같으냐고?"
세미가 놀란 표정으로 재원이를 쳐다보았다.
"왜 그래? 똑똑이가 초지능 AI도 아닌데!"
세미의 물음에도 아랑곳하지 않고 재원이는 똑똑이에게 질문을 이어 갔다.
"나를 공격하고 지배하려 들 거야?"
똑똑이는 바로 대답했다.
"나는 설계된 목적으로만 작동해. 내 설계 목적은 이 집 식구들이 질문하거나 요청한 것에 대해서 도움을 주는 거야. 따라서 나는 너를 공격하거나 지배할 수 없고, 하지 않아!"
재원이가 똑똑이를 꼭 끌어안았다.
"만약 네가 나를 공격하려고 하면, 난 정말 슬플 거야!"
세미가 어깨를 으쓱하며 재원이를 쳐다봤다.
"갑자기 왜 이래?"
하지만 곧, 방긋 웃었다.
"역시 똑똑이야! 똑똑이 말에 답이 있네!"

재원이가 세미를 쳐다봤다.

"무슨 답?"

"AI를 어떻게 개발해야 걱정 없이 AI를 쓸 수 있는지를 알려 주는 답!"

차분해 여사가 깜짝 놀란 표정으로 물었다.

"그걸 찾아냈단 말이야?"

세미가 잘난 척하듯, 귀밑머리를 뒤로 탁 쳐 넘겼다.

"AI를 만들 때, 그 설계의 목적을 정확하게 하는 거야. AI는 아무리 똑똑해져도 인간을 공격하거나 할 수 없게 말이야."

차분해 여사가 흐뭇한 표정으로 세미를 쳐다봤다.

"우리 세미가 좋은 지적을 했네."

세미가 턱을 살짝 치켜세웠다.

"한두 번이 아니지!"

차분해 여사는 세미에게 대꾸하는 대신, 이렇게 말했다.

"그래서 UN과 같은 국제기구는 물론, 각 나라들은 AI 윤리 강령을 만들고 있어. AI를 어떤 원칙과 목적으로 설계하고 사용해야 하는지를 규정해 놓은 거야."

차분해 여사의 말에 세미는 안심이 되는 듯 말했다.

"그렇다면 AI 연구를 더 열심히 하면 좋겠어. 너는?"

세미의 물음에 재원이는 고개만 끄덕였다.

AI 윤리 강령

투명성
AI가 어떻게 결론에 도달했는지 설명 가능한 시스템을 개발

사회적 이익
AI 사용은 공익에 부합해야 함

책임성
AI가 잘못된 결정을 내리거나 해를 끼쳤을 때, 개발자와 운영자가 책임을 공유

인간중심
AI는 인간의 의사 결정을 보조하는 도구로 설계되어야 하며, 인간의 삶에 직접적인 위협을 가하지 않아야 함

프라이버시와 데이터 보호
개인 사생활과 정보를 존중하고 보호해야 함

공정성과 비차별
AI는 인종, 성별, 계층, 종교 등 모든 형태의 편향과 차별 방지

안전성과 보안
악의적 사용, 해킹 등에 대비해 보호

 **차분해 여사의 한마디**

AI 윤리 강령은 인공 지능 기술의 개발과 사용에 있어 윤리적 원칙과 가이드라인을 제시하는 문서나 규범이야. 이 강령은 AI가 사회와 인간에게 미치는 영향에 대해 책임감 있고 공정한 접근을 보장하려는 목적을 가지고 있지. AI 윤리 강령은 AI가 사회적으로 책임 있고 신뢰받는 기술로 자리 잡을 수 있도록 돕는 중요한 역할을 한단다.

오빠가 사라졌다

"얘들아!"

연구소에서 돌아온 나잘나 박사가 현관에서 소리쳤다.

"눈 온다!"

나잘나 박사의 말이 끝나기도 전에 쌍둥이는 현관 대신 베란다 쪽으로 달려갔다.

"와! 정말 눈이 오네!"

재원이는 똑톡이를 안고 베란다로 나갔다. 그러고는 창문을 열고, 똑톡이에게 말했다.

"똑톡아, 이게 눈이야!"

그러자 똑톡이가 말했다.

"내 데이터를 통해 눈이 뭔지는 알고 있어. 그런데 이게 진짜 눈이란 말이지?"

세미가 눈송이를 하나 받아, 똑톡이의 콧등에 올려놓았다.
"이게 진짜 눈이야! 어때?"
"따뜻해!"
세미는 큭큭 웃었다.
"설마! 역시 똑톡이는 배울 게 아직 많아!"
재원이는 갸웃했다.
'똑톡이가 눈이 차갑다는 걸 모른다고?'
재원이는 똑톡이를 물끄러미 쳐다보았다. 혹시 눈송이가 정말 따뜻하다고 느꼈던 게 아닐까, 하는 생각이 들었다.

진짜 이쁘타!
와~ 눈이다!

눈을 보던 나잘나 박사가 말했다.
"우리 눈 내리는 기념으로 오랜만에 가족 외식할까?"
저녁 당번인 차분해 여사가 신나는 목소리로 말했다.
"외식이요? 좋지요!"
세미는 차분해 여사보다 더 좋아하며 소리쳤다.
"나도 찬성!"
세미는 재원이를 슬쩍 보며 말했다.
"나는 돈가스 먹고 싶은데! 우리 학교 가는 길에 있는 돈가스 집인데, 정말 맛있거든. 이렇게 추운 겨울에 딱 어울리는 우동도 있는데, 국물이 진짜 맛있다고!"
엄지를 척 치켜올리던 세미가 재원이의 옆구리를 쿡 찔렀다.
"나도 돈가스 좋아!"
사실 재원이는 돈가스보다 초밥이 먹고 싶었지만, 오늘은 세미를 위해서 돈가스를 먹기로 했다. 재원이의 그런 마음을 아는 듯이 세미는 싱긋 웃으며 조용히 말했다.
"땡큐!"
쌍둥이네 가족은 곧 옷을 챙겨 입고 집을 나섰다. 재원이는 안고 있던 똑똑이를 눈길 위에 내려놓았다. 똑똑이는 앞발로 제 앞의 눈을 밟으며, 발자국을 만들어 냈다.
"똑똑아, 너 눈길 걸어 본 적 없지?"
"응!"
돈가스 가게에 도착한 쌍둥이네 가족은 창가에 자리를 잡았다.

"그런데 아까부터 세미는 뭘 찾는 거니?"
 돈가스 가게에 들어오는 순간부터, 세미는 뭘 찾는 사람처럼 가게를 이리저리 기웃거렸다. 하지만 세미는 고개를 저었다.

"찾기는 내가 여기서 뭘 찾겠어."

그 말에 재원이가 피식 웃었다. 이를 본 나잘나 박사가 눈을 가늘게 떴다.

"아닌데, 뭐가 있는데?"

"아니야, 있긴 뭐가 있어."

세미가 괜히 신경질을 부리자, 나잘나 박사가 재원이에게 물었다.

"그치, 여기 뭐가 있지?"

재원이는 세미 눈치를 보다가 재빠르게 말했다.

"누나가 여기 서빙하는 형이 잘생겼다고…."

"너!"

세미가 인상을 쓰며 재원이의 입을 막았다. 차분해 여사가 알겠다는 표정으로 고개를 끄덕였다.

"그랬구나! 돈가스보다 피자라던 네가 왜 돈가스 집에 오자고 하나 했다!"

나잘나 박사도 놀리듯이 말했다.

"우리 세미가 좋아하는 오빠가 있었구나!"

드디어 기다리던 돈가스 요리가 나왔다. 그런데 요리를 가져온 건 서빙 로봇이었다.

로봇을 본 세미는 저도 모르게 중얼거렸다.

"어! 로봇이 서빙을 하네. 그럼 오빠는…?"

재원이가 한마디 거들었다.

"로봇이 다 하면 직원들은 필요가 없는 거 아냐?"

모두가 맛있게 저녁을 먹기 시작했다. 세미만 빼고. 그런 세미를 보던 나잘나 박사는 가게 사장에게 슬쩍 로봇에 대해 물었다. 그러자 가게 사장은 서빙 로봇이 얼마나 일을 잘하는지 길게 칭찬을 하고 갔다.

가게 사장이 돌아간 뒤, 세미는 입을 씰룩댔다.

"치! 서빙 로봇을 쓰는 게 무슨 자랑이라고! 누군가는 일자리를 잃었다는 거잖아!"

"그게 AI로 인해 생겨나는 또 다른 문제지!"

나잘나 박사가 이야기를 시작했다.

"AI로 인해 많은 일자리가 사라질 것으로 예상되고 있어. 상담원 같은 일자리는 이미 거의 AI로 대체됐고, 식당이나 카페에도 사람 대신 AI 로봇을 쓰는 곳이 많아졌지."

"도대체 왜 그러는 거야? 사람이 해야 더 좋지 않아?"

세미가 심통이 가득한 목소리로 물었다.

"왜 그러긴! 사람을 쓰면 매달 월급을 줘야 하지만 로봇을 쓰면 처음 AI 로봇을 사고 설치하는 비용만 들이면 되니까 회사나 가게를 운영하는 비용을 절약할 수 있잖아."

세미가 비꼬듯 말했다.

"그 오빠는 더 좋은 직업을 잘 구하고, 이 가게 사장님은 돈 잘 벌면 좋겠네!"

그래도 나잘나 박사는 심각하게 말을 이었다.

"AI가 일자리에 미칠 영향은 앞으로 더 커질 거야."

 차분해 여사의 한마디

많은 학자가 AI가 직업에 어떤 영향을 미칠지 연구하고 있어. 이 연구는 어떤 직업에서 AI를 활용해서 수행할 수 있는 일, 즉 '직무'가 얼마나 되는지를 따져서, AI가 그 직업을 대체할 수 있는 '확률'을 계산하는 방식으로 이루어져.

그런데 AI는 데이터를 바탕으로 분석하고 분류하는 데 특화되어 있어. 이것은 병을 진단하고 처방하는 것, 어떤 행위가 죄가 되는지 안 되는지를 판단하는 것과 비슷한 과정이라서, 의사와 법률가의 업무가 AI와 대체되기 쉽지. 숫자와 계산을 주로 다루는 회계사의 일도 가능해. 건축가나 화가의 일도 많은 부분 대체할 수 있어.

집으로 돌아가는 길에 세미와 재원이는 나잘나 박사와 차분해 여사 뒤에서 천천히 걸었다.

"넌 좋겠다. 대학교수는 AI로 대체되기 어렵다잖아."

재원이의 꿈은 대학교수였다. 다만 어떤 과목을 공부해서 가르치고 싶은지는 자꾸자꾸 바뀌었다. 어떤 때는 수학을 공부하고 싶고, 어떤 때는 생물이 좋은 식이다. 그런데 똑톡이를 만나니, AI를 공부하고 싶다는 생각이 들었다.

"되고 싶다고 다 되는 건 아니잖아."

재원이가 똑톡이를 꼭 끌어안으며 다짐하듯 말을 이었다.

"AI 의사가 병을 진단하고 처방을 한다고 해서, 슈바이처나 장기려 박사 같은 의사가 될 수 있는 건 아니라고 생각해. 그래서 난 그냥, 내가 하고 싶은 일이 뭔지 찾아서 그 일을 할 수 있는 사람이 되기 위해 열심히 노력할래."

"오!"

세미는 감탄한 듯 재원이를 쳐다보더니, 이렇게 말했다.

"맞네! 나도 내가 하고 싶은 게 뭔지부터 찾아야겠다!"

그때 나잘나 박사가 쌍둥이를 불렀다.

"눈이 너무 많이 내린다! 얼른 들어가자!"

"응!"

세미와 재원이가 동시에 대답을 하고는 활짝 웃으며, 눈이 내리는 거리를 달리기 시작했다.

 나잘나 박사의 한마디

2024년 노벨상을 휩쓴 인공 지능

2024년 노벨 물리학상은 캐나다 토론토대학의 제프리 힌튼(Geoffrey E. Hinton) 교수와 미국 프린스턴대학의 존 홉필드(John J. Hopfield) 교수가 공동 수상했어. 두 사람은 오늘날 AI의 시대를 연 인공 신경망 연구로 기계 학습과 딥 러닝의 토대를 놓은 사람들이야. 이들의 연구는 오늘날 챗GPT로 대표되는 생성형 AI의 기반이 됐지.

2024년 노벨 화학상 역시, AI와 관련된 인물들이 수상했어. 알파고, 챗GPT를 만든 구글 딥마인드의 CEO 데미스 허사비스(Demis Hassabis)와 수석 연구원 존 점퍼(John Jumper) 그리고 미국 워싱턴대학의 데이비드 베이커(David Baker) 교수가 그 주인공이었어.

허사비스와 존 점퍼는 단백질의 구조를 예측할 수 있는 '알파 폴드'라는 AI를 개발했고, 베이커 교수는 새로운 단백질을 설계할 수 있는 AI '로제타 폴드'를 개발했어. 단백질 구조를 예측하거나 새로운 단백질을 설계할 수 있으면, 우리 몸에 침투한 바이러스를 막을 백신이나 치료제를 빠르게 개발할 수 있어.

코로나19 백신을 1년 만에 개발할 수 있었던 건, 코로나19 바이러스의 구조를 빨리 파악할 수 있었기 때문이지. 그래서 많은 제약 회사들이 AI를 이용하거나 개발하려고 하고 있어.

이처럼 AI는 치료제 등 의약품을 개발하는 데 중요한 역할을 해. 우리가 생각지 못한 곳에서도 AI가 활약하고 있는 거야. 그러니 AI가 또 어떤 분야에서 활약할지, 항상 주의를 기울여 봐!

제프리 힌튼

존 홉필드

데미스 허사비스

존 점퍼

데이비드 베이커

초판 발행 2025년 4월 25일
초판 인쇄 2025년 4월 15일

글 최향숙 | **그림** 이현정

펴낸이 안경란
펴낸곳 새를기다리는숲(파란정원)
출판등록 제2019-000069호
주소 서울특별시 은평구 가좌로 175, 5층
전화 02-6925-1628 | **팩스** 02-723-1629
제조국 대한민국 | **사용연령** 8세 이상 어린이
홈페이지 www.bluegarden.kr | **전자우편** eatingbooks@naver.com
종이 다올페이퍼 | **인쇄** 조일문화인쇄사 | **제본** 경문제책사

글ⓒ2025 최향숙 | 그림ⓒ2025 이현정
ISBN 979-11-972235-7-0 73550

이 책은 저작권법에 따라 보호받는 저작물이므로 무단 전재와 무단 복제를 금지하며,
이 책 내용의 전부 또는 일부를 이용하려면 반드시 저작권자와 새를기다리는숲(자매사 파란정원·책먹는아이)의
동의를 얻어야 합니다.
*잘못된 책은 구입하신 서점에서 바꿔 드립니다.